ちくま新書

地域再生入門

――寄りあいワークショップの力

山浦晴男
Yamaura Haruo

1151

地域再生入門——寄りあいワークショップの力【目次】

はじめに

全国八九六の市町村は、本当に消滅してしまうのだろうか。

二五年後の二〇四〇年には、そのうち五二三自治体は消滅する可能性が高いと、日本創成会議・人口減少問題検討分科会からは推計されてしまっている。

そして最近でも、為政者の視点から、従来の経済成長の延長線上の価値観で『地方消滅　創生戦略篇』（中公新書、二〇一五）が、新たに提示された。

これらには、二〇年来、地域住民とともに地域再生の現場で取り組んできた立場からは、数値主義に偏った生活者不在の論調を感じないわけにはいかない。

しかし、行政や政治をいくら批判しても始まらない。地域再生のためには、地域住民が内発的に立ち上がるしかない。住民自らが基本哲学をもち、ビジョンを描いて実現の具体的な手立てを取りまとめ、地元行政や議会、ＮＰＯをはじめとする団体や人々を巻き込んでいくのが一番なのだ。

本書では、住民主体の地域再生の考え方と基本哲学、道筋と具体的な方法を、実例を交えながら実証的に述べる。「地方消滅」の議論に正面から反論するよりも、まずは地域再生の基本を実践的に論じ、誰にでも、どこでも実践できる入門書としたい。

第一章では、なぜ住民が立ち上がらなければならないのか、その理由の現状分析から説き起こす。地域再生の取り組みは、地方消滅論や「素人の住民に何ができるのか」と揶揄《やゆ》する声をはじめ、大きな逆風にさらされている。だが、むしろ行政任せでは何もできない。これまでの陳情型でも限界がある。住民こそ、地域の暮らしの専門家であり、その暮らしの現場にこそ答えがある。加えて、逆風だけでなく、追い風も吹き始めている。両者を活かして地域再生に取り組めば、必ずや展望が開けることを示す。

第二章では、地域再生のために何が必要なのか、そしていまなぜ「寄りあいワークショップ」という話し合いが必要なのか、その理論的枠組みを考える。必要なのは次の三つである。①ソフトの基盤整備、②行政の役割を活かした協働、③地域自治コミュニティの再生。そして、この三つを実現するのが「寄りあいワークショップ」であることを示す。

第三章では、どうすれば住民は立ち上がれるのか、その具体的な手立てである「寄りあいワークショップ」の方法とノウハウを、実例を交えながら解説する。子どもからお年寄りまで、住民の誰もが参加し、連帯感をもってアイデアを出し合い、地域を動かしていく方法である。

この「寄りあいワークショップ」こそが、筆者が実践的に開発してきた地域再生の手段であり、内閣府地方創生本部もこの寄りあいワークショップに関心を寄せるまでになっている。

第四章では、寄りあいワークショップを用いて実際に地域再生に取り組んでいる事例を紹介する。逆に言うなら、ここで紹介するような実践展開を通して、筆者は「寄りあいワークショップ」を地域再生の方法として開発してきたのである。

事例の第一は、二〇一四年度で一〇年目を迎えた和歌山県むら機能再生支援事業である。五二地区の住民ワークショップを行い、ほぼ半数の地域が再生軌道上で地域づくりに取り組んでいる。四地区の事例を紹介。「寄りあいワークショップ」は、和歌山県との協働で実践ノウハウを磨き上げてきた側面があり、その意味で地域再生の「和歌山方式」と位置づけることができる。この方式はいまでは他地域でも展開できる汎用性をもった方法として、ほぼ完成に近いところまできている。すでに、都市農山漁村交流活性化機構（通称「まちむら交流きこう」）からの推奨によって、徳島県が地域への導入に着手している。

事例の第二は、平成の合併の最終ランナーである山梨県富士川町の総合計画立案の取り組みである。人口一万六〇〇〇人、二〇自治区の住民ワークショップと審議会のワークショップ、行政との連携・協働による総合計画の立案、町長への答申、議会での議決。それを踏まえた各自治区で実行計画の立案によって実践の道筋をつくり込んでいる。様々な課題はあるが、住民・行政・議会の新たな連携のあり方の地方自治の最先端事例である。

事例の第三は、福島県富岡町の災害復興計画（第二次）の検討委員会の取り組みである。原発被災という状況とそれゆえの政治的な問題や利害関係が複雑に絡み、通常の地域再生よりは難しさが桁違いに違う。だが、基本的な取り組みは同じである。そこで、上記の富士川町の総合計画の考え方と取り組み方法を基本とした。検討委員会は、課題の抽出、解決案の案出を行うことで被災者の意向を集約、反映でき、災害復興計画（第二次）のアイデアの骨子を検討委員の手でつくることができた。あわせて、住民と職員で構成する検討委員の間に一定程度の合意と連帯感をもたらすことができた。これに続く計画書の案文作成の段階は業務契約上携わることができなかったが、寄りあいワークショップの有効性を確認できた事例である。

事例の第四は、教育・福祉の角度からの地域再生の事例で、静岡県函南町の町長自らの肝いりによる子育て支援ワークショップの取り組みである。児童虐待によって一人の子どもを失ったことから、二度と同じ過ちを繰り返さないという思いで、住民と行政、様々な関係組織が連携して取り組んでいる。この事例では、寄りあいワークショップによる解決案と合意の創造とともに、その後の実践におけるリーダーの存在の重要性と住民と職員がともに成長する仕組みの重要性を取り上げる。

事例の第五は、内発的な地域再生における寄りあいワークショップの真価を、後日実証的に示してくれた事例である。地域住民が、自分たちの地域の課題を見定め、地域にある資源や改善点をもとにビジョンと具体的取り組みアイデアを案出して実践した地域は、未曽有の困難に遭遇したとき、再び立ち上がる力を宿している。二〇一一年の東日本大震災の被災から住民自ら立ち上がった、「猫の島」として有名な宮城県石巻市田代島の取り組みである。寄りあいワークショップが形をなすもととなった取り組みでもある。

第五章では、第四章までの寄りあいワークショップを中心とする地域再生の様々な技法と事例の紹介を踏まえ、それらを振り返りつつ、地域再生の取り組みで本当に大事なことは何か、本質的な意味とはどこにあるのかについて考察する。結論から言うと、次の三点に集約される。①住民の手で持続可能な地域づくりをすること、②地域経営の手綱を取り戻すこと、③経済のグローバル化に見合うローカル化を図ることである。

本書が、地域再生に取り組んでいる人々、さらには「地方消滅」の論調に不安を抱く人々にとって、地域再生に夢と勇気をもって取り組む一助になればと考えている。

なお、地域再生は第一に住民の問題ではあるが、各市町村も、国が目下推進している地方創生の動きへの対応に苦慮している。筆者は、自治体の首長や職員が、真の意味で住民の立場に立って地域再生ができるようになってほしいと考え、その実務的手立ても提供しようと意図している。

本書が、住民を主体とした、住民・行政・NPO協働による地域再生の取り組みに役立つことを願ってやまない。

第一章 分析

原発被災からの復興計画を検討する寄りあいワークショップ
（福島県富岡町災害復興計画検討委員会）

1　なぜいま住民が立ち上がらねばならないのか──三つの逆風に抗して

地域再生への取り組みはいま、大きな逆風にさらされている。そして、これまでの取り組み方にも問題があった。だがよく見れば、逆風だけではなく、追い風も吹き始めている。従来の問題点を見極めて、現場の中にある答えを活かして地域再生に取り組めば、必ず展望が開けるだろう。本章ではまず、そうした地域再生をめぐる現状を分析したい。

†「地方消滅論」で追い込まれる住民

地域再生のために、いまこそ住民が立ち上がらねばならない。このままでは、地域の住民の誰もが望まない状況がやってきてしまう。なぜなら地域の再生を阻む、三つの大きな逆風が吹き始めているからだ。

第一の逆風は、「地方消滅論」である。これによって地域は追い込まれており、またこれが巻き起こす風評による被害も大きくなっている。第二の逆風は、行政主導である。国は現場の実態と住民の思いを大事にすると言っているが、国の舵取りは一枚岩ではない。机上の計画で現実をリードしようとする面をもっており、それが必ずしも住民が望まない方向に向かってしまっている。第三の逆風は、地方再生の事業遂行における行政のタテ割りが強まっていることである。

第一の逆風から順に見ていこう。

全国の自治体の半数が二〇四〇年には消える、とセンセーショナルに訴えた、元総務相増田寛也氏による「増田レポート」が二〇一四年に発表され、その内容は『地方消滅』（中公新書、二〇一四）として刊行された。「八九六の市町村が消える前に何をすべきか」と帯に謳う、その巻末の資料によれば、若年女性人口の減少率が五割を超える（推計）八九六自治体が、「消滅可能性都市」にあたる。そして、二〇四〇年に人口一万人未満（推計）の五二三自治体は「消滅可能性が高い」としているのだ。

このレポートは、住民とともに現場で二〇年以上も地域再生に取り組んできた筆者にとっても衝撃的であった。直接支援してきた、また現在も支援している多くの自治体が消滅の可能性が高いと名指しされていたからだ。

一方で筆者は、数字よりも地方消滅論の反響の大きさ自体に衝撃を受け、強い危惧を抱いた。地方消滅論は、消える前に何をなすべきか、と問いかけながら、実は地域住民を地方消滅の方向に追い込む論調と風評を巻き起こしてしまっているのではないかという危惧だ。消滅地域に名指しされた住民は、「もうだめなのか。国はわれわれを見放してしまうのではないか」という不安感を増幅させ、地域再生への意欲を喪失してしまうのではないかと感じたのである。

事実、地域再生に取り組んでいる人から、メールが届いた。ある銀行の調査部長が執筆した記事についての感想で、その記事によると、①もうすべての地域は再生することは難しい、②創意工夫のできる人材を得た地域と、それ以外との優勝劣敗が明らかになる、という。記事の見解に対してその人は「すべての地域を無責任に応援すべきでない、という論理に、考えさせられるものがある」と書いてきた。地域再生に意欲的な人ですらこのように悲観的になるのだから、人口減少地域の住民の大多数は引導を渡されたような心境になってしまうのではないか。

ここでの本質的な問題は、統計数字とその推計（予測）という半面の確からしさしかもたないものが、客観的であるという装いの下で、あたかも全面的な確からしさのごとく扱われていることである。この数字が、多くの読者を誤った方向に導きかねない。

八九六自治体、五二三自治体と数字に丸め込まれたそれぞれの自治体の内実の姿、今日も暮らしを立てている人々の努力を、単に自治体が一つ二つだと数えて一律に処理するべきではない。それが住民とともに地域再生の最前線で取り組んでいる一人としての率直な思いである。

だから、いまこそ地域住民自らが立ち上がらねばならないのだ。好意的に見るなら、この逆風には「地方消滅」という警鐘を鳴らすことで、住民の奮起を促す狙いがあるのかもしれない。

†離島振興法に見る地域再生の哲学

最近の地方消滅論よりもはるか以前から、行政は人口問題に取り組んできた。まず問題とされてきたのは離島である。筆者と地域再生の関わりも、離島地域をいかにしたら元気にできるかというところから始まった。

離島地域では、人口指数でその推移を見ると、一九五五年（昭和三〇）を一〇〇として二〇一〇年（平成二二）は四八・七であり、減少の一途をたどっている。他方、全国指数では、同様の指数基準から増加傾向をたどり二〇一〇年では一四二となっている。ここにきて人口推計値がクローズアップされ、「地方消滅論」という危険信号が発せられるに至ったのだが、離島地域では六〇年以上も前から、人口減少問題に推計ではなく事実として直面していたのだ。

離島人口の実数は、一九五五年が一三〇万六〇三六人だったものが、二〇一〇年は六三万五六五〇人にまで減っているのである（図1）。

そこで国は、離島振興法を一九五三年（昭和二八）に、一〇年の時限立法として制定した。その後一〇年ごとに改正・延長されている。現在は、二〇一一年（平成二三）の第六次の改正・延長に至っているが、筆者は二〇〇一年の第五次離島振興法の改正・延長の現場に立ち会

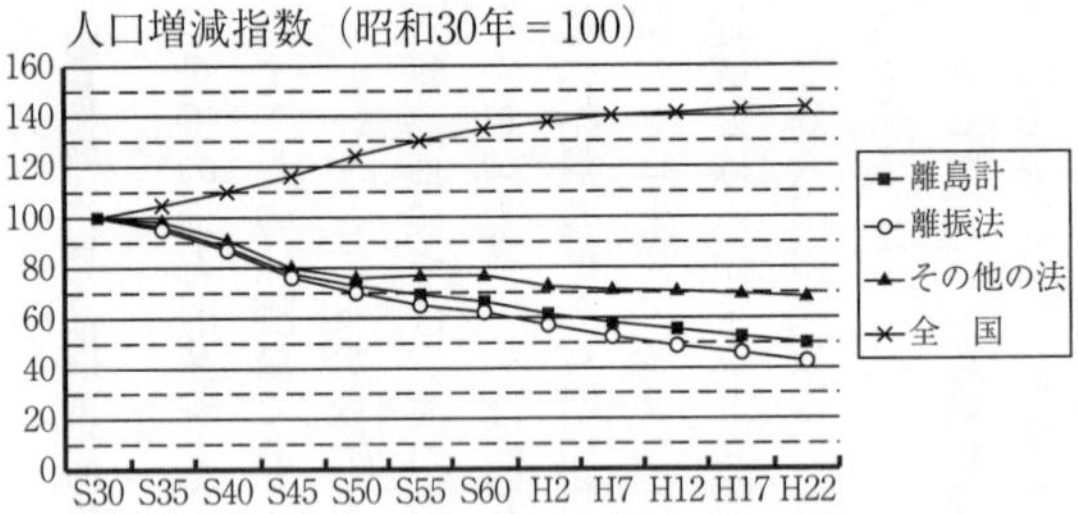

図1　国勢調査人口推移。全国指数と離島指数（出典：2013離島統計年報）

った。

第五次離島振興法では、それまでの振興法の「離島の後進性の除去」だけでなく「離島の自立的発展を促す」とする方向が、新たな目的として加えられた。「住民の自立的な振興」が条文に位置づけられたと言える。この目的を受け、国が振興の方針を定め、離島の市町村が住民の意見を反映させる形で振興計画を作成し、県が取りまとめることになった。

人口減少が進行する中で、どのように人口計画を立てるか。このことがまず、第五次離島振興法に基づいて各市町村が振興計画を作成するにあたって、国と市町村担当者の打ち合わせ会議で課題となった。右肩下がりの数字の計画は、計画としては認めがたいという意識が大勢であったが、反対に右肩上がりの数字では絵空事の計画とならざるを得ない。国の担当者は、「人口の右肩上がりの数字はなくてもよい。住民の声をもとに、何をしたら地域が元気になるのか、そのことを計画の眼目としてつくってほしい」と言っていた。それができない地域は、つぶれるところが出るかもしれないとも話していた。

つまり国の担当者の真意は、「住民が立ち上がってくれない限り、国として打つ手はない」ということだと筆者は感じた。行政側も、つぶれる地域を出してほしくないし、ましてやつぶれてもいいのだとは思っていないのだ——そう感じたことを、いまでも鮮明に記憶している。

離島での様々な取り組みは、人口数の問題に限って見るなら、確かに思うような成果は上がらず、人口の減少の推移は下げ止まりを見せない。しかしその内実の住民の暮らしづくりの取り組みは、統計数字上だけでは一方的に否定できないだろう。逆に内実としての取り組みを励まし、支援することが、結果として人口減少問題に適応する道筋を見出すことにつながるのではないか。

島根県隠岐諸島を住民のワークショップ支援で数回訪ねたことがある。現在、海士町は、若い人が移住して人口の下げ止まりの兆しがうかがえ、地域活性化のモデルとして注目されている。まずは隗《かい》より始めよということで職員の昇給や給与カットから着手し、地域総動員で子育て支援、高校の廃校阻止、サザエカレー、岩ガキの商品化、隠岐牛の商品化と次々と新たな価値の創造に挑戦している。

このように、第五次離島振興法の「自立的発展を促す」すなわち「住民の自立的な振興」、は、人口減少が推計される社会における最も重要な地域再生の思想・哲学なのである。それは

「住民の内発的な地域づくり」と言ってもよい。

†「素人の住民に計画がつくれるのか」

しかし、「住民の自立的な振興」と言った途端、「住民に振興計画などつくれるのか」といった上から目線の反論が出てくる。地域再生に向けての第二の逆風は、現場の実態と住民の思いよりも、机上の計画で現実をリードしようとする半面をもつ、こうした「行政主導」の政策である。現実には、国の舵取りは第五次離島振興法にある地域再生の基本哲学「住民の自立的な振興」路線の一枚岩ではないのだ。

東日本大震災の復興計画において、検討委員会が住民とともに計画立案の基礎づくりをしていることを指して、国のある担当者が「素人の住民に計画がつくれるのか」と発言したそうだ。筆者自身がその発言の場に同席したわけではなく真意は定かではないし、国のすべての役人がそう考えているわけではなく、省庁あるいは人によるのかもしれない。だが筆者は、怒り心頭に発した。

住民は震災の被災の当事者なのだ。当事者の声を基礎に復興計画をつくらずして、誰のための計画なのだろうか。計画内容の半分から三分の一くらいは、住民自ら計画の実現に向けて行動主体にならなければ、復興は不可能なのではないか。だからこそ、住民と行政が連携・協働して計画をつくらねばならないのである。

このことはたまたまなのかというと、そうとも言い切れない。年代はさかのぼるが、一九八九年〜一九九〇年、岐阜県の梶原拓知事の夢おこし県政に関わったときのことだ。

二一世紀を迎えるにあたって、岐阜県はどうあるべきか。県民の夢を集めて県政の方向性と施策をつくり出し、県民主体の県政を展開しようという取り組みであった。初年度は、市町村職員と県の振興局の職員を対象に夢を募集し一万四〇〇〇件の夢が集まった。それをもとに「夢マップ」を作成した。翌年度は、県民からの夢集めと並行して、県民でもある行政職員の「夢マップ」の内容をアンケートにして、どの夢を実現したいのか、重要度評価を全県で行った。県民と行政職員総勢二五〇〇名を動員しての取り組みだった。本書の第三章で解説する投票方式で重要度を投票してもらい、集計した。投票点数の最も高かった内容は、「自然との共生と観光立県」で、しかもダントツの支持を得た。

業務の窓口は企画調整課で、本省からの出向者が課長であった。この結果を報告すると、「この結果は間違っている」と課長の第一声。これにはびっくり仰天させられた。アンケート調査の統計結果なのに、それを間違いだというのだ。理由をきくと、岐阜県は経済力指数では下位から数えるほうが早い位置にいる。だから、産業の活性化、企業の誘致がトップにくるはずだ。そうならないのはアンケートがおかしい、とのことだった。

当時は、知識と情報で現実を見ているからこうなるのではないか、と推察した。行政職員の役割の半面はそこにもあるから、さもありなんと思った。

地域再生の観点から見るなら、行政をリードしている人々が、「現場」の実態を判断のよりどころにせず、知識と情報、そして一定の意図をもとに判断し、計画を立案しているのではないか。あるいはそうなりがちなのではないかと感じた。そこには、住民の意に反した計画が出現してくる可能性が潜在していると言わざるを得ない。

このような現場軽視、実態軽視の机上論で物事を動かそうという姿勢は、二五年前もいまも変わらず、国政を担う人たちに潜在している。

だからこそ、住民が立ち上がり、行政と対話しながら、連携・協働していかなければ、誰も望まないような事態が起きてしまう可能性があるのだ。

†学問と行政のタテ割り

地域再生の第三の逆風は、行政のタテ割りによる事業遂行である。これはある時期まではプラスに働いたのだが、ある時期からマイナスに働き始めた。そして行政だけでなく、学問のタテ割りも問題である。

離島を元気にする仕事に関わり始めた当初のことだ。離島の人材養成を兼ねた「アイランド・テラピー構想推進調査」で、広島県蒲刈町《かまがりちょう》の蒲刈島を訪ねた。アイランド・テラピー構想というのは、国土交通省の調査プロジェクトで、海に囲まれた島を健康保養地にすることで、地域を元気にしていくという狙いだった。全国の離島地域から人を集め、蒲刈島を教材に勉強しようというワークショップ型の研修が行われた。

「県民の浜」という研修・宿泊施設で、昼間は研修を行った。夜になって、温浴施設があるというので行ってみると、建物が別建てで、しかも履物をはき替え、海風の吹きさらしのコンクリート廊下を渡っての入浴だった。

話を聞くと、国の省庁の事業予算が違うので、研修・宿泊施設と温浴施設が一緒にできなかったというのだ。仕方なくコンクリート廊下に簡易の屋根をかけたというのである。

公共のバス停の位置を五メートル動かすのにも国の許可が要る、といった話も聞いたことがある。行政のタテ割りの弊害である。笑い話ではすまないこのような例は枚挙にいとまがない。

行政のタテ割りがすべて悪いと言っているわけではない。専門性が必要であり、タテ割りにならざるを得ない部分は確かにあるが、いまの状況はすべてがタテ割りになっていると言っても過言ではない。こうしたタテ割りは、高度成長まではそれでよかった。様々な分野にわたってタテ割りで各種事業が行われ、生活水準が向上し、便利な生活をもたらした。

しかしそれもある時点からは、逆に地域を壊す方向に作用し始めているのだ。地域にとっては必要でもないし、やりたくない事業でも、行政の話なら受けておかないと次に必要なことがやってもらえないという思いからか、事業消化とも言える形で実施される。この積み重ねで、一向に地域の本当の困りごとが解決されない事態が蓄積しているのが実情である。タテ割り事業が地域を壊していると言わざるを得ない。

最近は、高齢者の処方された薬の飲み残し問題がマスコミで取り上げられることが多い。高齢者が体調を壊し病院に搬送され、処方された薬を調べると、多い人は、複数の診療科にかかっている結果、二〇種類以上も処方されているケースもあるという。通常は五種類までが上限なのだそうだ。それ以上だと薬の副作用が生じる。複数の診療科は、まさにタテ割りそのもので、それが体調悪化をもたらしているわけである。地域も人と同じで生き物であり、タテ割りが地域を壊すとは、このようなことをイメージしてもらうとよい。

薬の処方問題は、実は学問のタテ割りの問題でもある。地域でも同様で、学問のタテ割りによる専門家がバラバラに地域に関わり、それぞれが自分の専門の仕事をして完結してしまう。結果として薬の処方と同じような副作用が発生していると言わざるを得ない。

それは地域の側にも要因があり、コミュニティの力が弱くなったことが背景にある。コミュニティの力の弱体化を突いて、タテ割り事業が地域の抱えている本当の課題とは関係なく投入され、地域を壊す方向に作用している(この点については、第二章でもう少し立ち入って考えてみたい)。

もちろん最近は、「農商工連携」や「農福連携（農業と福祉の連携）」といった表現でタテ割りの弊害を取り除こうという取り組みも始まっているが、本質的な解決には至っていない。弱体化したコミュニティの再生を図ることが不可欠であり、そのためにも地域が立ち上がらなければ、住民の思いとは裏腹に、意に反した現実がますます進行する。まさに「増田レポート」が警鐘を鳴らす地方消滅に導かれかねないのだ。

2　これまでの地域づくりの問題点

以上、三つの逆風にあらがって地域再生を進めていかねばならないのだが、ではその手法はいままで通りでよいのだろうか。これまでの地域づくりの事業には、大きく分けて三つの問題がある。①住民側の陳情型事業、②行政側の善導型事業、③事業におけるハード志向、である。順に見ていこう。

陳情型に浸かった住民

従来の地域づくりの問題の第一は、住民の側の陳情型・依存型の姿勢にある。

筆者はこの一〇年間にわたって、和歌山県の単独事業である「水土里のむら機能再生支援事業」に関わってきた（第四章で詳しく紹介する）。

この事業の窓口は、農業農村整備課で、出先機関の振興局では「農地課」と呼ばれている。農道や水路の補修・整備、農地の構造改善や整備といったハードを担当する部門である。そこがソフトの事業を始めたのだ。住民のワークショップによってむら機能を再生していこうと、住民に呼びかけて集まってもらい、検討してもらう事業である。

担当部局がハード部門であることから、住民は、初年度から二、三年の段階は、農道や水路整備をしてもらおうとはじめから決めて、ワークショップに臨んでいた。まさに陳情型どっぷりの姿を見せつけられる状態だった。そして、行政は何をしてくれるのか。あるいは、あれをしてくれ、これをしてくれといった行政依存の姿勢が多く現れた。

いまではワークショップの意味合いが地域住民に理解され、和歌山県ではワークショップによる住民主体の取り組みが定着しつつある。

他の地域も同様で、多くの地域で陳情型・行政依存型にどっぷりと浸かってしまっている姿を見ることが多い。極端に言うなら、税金を払っているのだから、これをしてもらうのは当然であるかのような雰囲気さえ感じることがある。行政を企業のサービスと同じように勘違いし、納税の対価を求めるかのような精神に染まってしまっている。

このような陳情型・行政依存型の姿勢や、行政サービスを当然のこととして要求する姿勢が、住民側からの地域再生の大きなネックになっている。

もちろん地域再生には行政の支援が不可欠だが、それを陳情型・行政依存型の姿勢で求めてはならない。住民自ら自分たちの地域の課題を解決するために、自分たちでできることは自分たちで行い、行政でなければならないことを支援として求めるといった、住民主体の取り組み姿勢が不可欠なのである。

†行政の支援事業の限界

従来の地域再生の第二の問題は、行政の善導型の姿勢にある。これは住民の側の陳情型・依存型の姿勢と対の構造になっている。

これまでのやり方では、行政は住民にとってよいことだという善導型の姿勢で、様々な事業を発案し、地域に事業を投入している。しかも前述したように、タテ割りでそれぞれの担当分野からの事業発案であり、ヨコの整合性は取れないまま行われている。

たとえば都市・農村交流の事業による地域の活性化事業が組まれたとする。住民側も地域が元気になるなら、とその事業を受け入れる。事業の企画は専門業者が入って住民と一緒に検討し、実際に人を集めて実施される。通常は三年から五年の事業が多いようだ。

ところが事業予算がつかなくなると、都市・農村交流のイベントをはじめとした事業はそこで終了となってしまう。もちろんそうした事業は一般的に、行政側が、その後も継続して地域住民が取り組んでくれることを期待し、企画した事業である。

加えて行政が地域に提供する事業メニューは、そのほとんどに様々な制約条件が付いている。具体的に行える取り組みの範囲や予算の使い方といったことまで、地域の実情とは関係なく一律に決められている。そもそも事業申請するときの書類のつくり方の難しさ、煩雑さ、事業報告書作成の難しさなどが、住民を尻込みさせる要因にもなっている。

いずれにしても行政側の事業メニューが先にあり、それを地域に当てはめようとする行政手法の固定化に、そもそも限界がある。

住民の陳情・依存型姿勢とここで述べた行政の善導型は、相補関係のセットになっている。この構造自体が、これまでの地域づくりが抱え込んだそもそもの問題なのである。

その結果、事業支援の切れ目が取り組みの切れ目につながるという事態が起こっている。ここに行政の事業支援の限界がある。

†ハード志向から、新しい価値の創造へ

これまでの地域づくりの第三の問題は、ハード頼みの姿勢である。これこそ実は最も本質的

な問題である。

男性はとくにハード志向が強い。これは多くの地域社会に共通している。都市圏とつながる道路が開通すると、人が来てくれるという発想がその典型である。

たとえば、山梨県では目下、中部横断道の建設が進んでいる。静岡県清水市の新清水ジャンクションと長野県小諸市の佐久小諸ジャンクションを結ぶ計画の自動車道である。建設推進の会議に招かれたことがある。話題の中心は、道路が開通すればお客さんがたくさん来てくれるというものだった。しかし開通に対応して自らの地域は何かをしようという議論までは発展しなかった。これでは、やがて沿線は通過地帯になってしまうことが目に見えている。それでも開通すれば何とかなるという考え方は根強い。

和歌山県でも、二〇一五年の国体に向けて高速道路網の整備が進んだ。基幹産業であるミカン畑を犠牲にして道路が通される姿も見かける。沿道のあるお寿司屋さんで店の主人と話をすると、高速道路が開通したことは喜びながらも、お客さんが素通りしてしまうと嘆いているのだ。あるいは南紀白浜では、それまでは宿泊客としてとどまった観光客が、日帰り客に変わり、高速道路の開通に伴う新たな問題を抱え込んでしまっている。

都市圏につながる道路が開通すること自体が悪いというのではない。それによって利便性が高まり、人の移動も増えること自体は地域再生にとっては味方となる。しかし、道路が開通すればなんとかなるという発想では、地域再生は起動しないのが現実である。

瀬戸内海の近海離島では、島と本土の間に橋が架かることが念願となっていた。ある離島で八〇代の議員が「冥途の土産に橋がほしい」と語ったその姿を昨日のように思い出す。

だが離島に橋が架かるとその効果は、長くは続かない。観光客は物珍しさに大挙して押し寄せる。しかし一年半もすると、閑古鳥が鳴く。残ったのは、若者の流出と防犯上の理由から家の玄関にカギをかけなければならなくなることだ。車の交通事故の心配も増えた。唯一最大の成果は、急病のときに、救急車で本土側の大きな病院に行くことができるようになったことだ。

道路をつくる。橋を架ける。工場を誘致する。大型商業施設を誘致する。それ自体は悪いことではないが、こうした他力本願型の地域づくりには限界がある。

都市圏につながる道路が開通しても、通過地域になってしまう。本土との間に橋が架かっても、観光客が押し寄せるのは一過性の効果に過ぎない。工場を誘致しても大型施設を誘致しても、資本の論理でいついなくなるかわからない。

なぜこうなってしまうのか。その理由は、地域が自らの努力で人を呼び込む、あるいは商品サービスを提供するための「新しい価値」を創造していないからだ。そしてその創造には、日々たゆまぬ努力が求められる。

辺鄙な山奥であっても、魅力のあるものやコトがあれば人はやってくる。山梨県北杜市《ほくとし》長坂町に、あるお蕎麦屋さんがある。長坂インターから車で一〇分くらいの距離にあるが、全くの山奥と言っていいところだ。ぽつんと一軒、周囲にお店と言えるのはそこだけだ。筆者も何度か足を運んだことがあるが、そのたびに多くのお客さんが来ていた。

　このような例は数多く見かける。それは時代のニーズやウォンツに対応した新しい価値を生み出しているからだろう。地域の衰退要因は、ハード頼みで新しい価値を創造していないことにもある。それをしっかりと踏まえることが大切なのだ。

3　現場にこそ答えがある

　地域の人々が立ち上がり、陳情や行政の善導、そしてハードの力に頼ることなく、自らの力で地域再生に邁進しなければならない。そして、新しい価値を生み出していく、たゆまぬ努力が必要である。ではその新しい価値とは、どこにあるのだろうか。答えは、現場にある。

住民、そして女性こそ地域の専門家

　地域再生には専門家の力が必要だと思われるかもしれないが、実は専門家と言っても、二種

類がある。一つは、いわゆる学校教育等を通して培ってきた知識・技術・技能の専門家を指す。もちろんその専門をもとに現場で経験を積み、知恵を発揮する人だ。だが彼らには弱点がある。それは、学問の専門分化の枠の狭さがあり、学問のタテ割りの弊害を伴うのだ。彼らは西欧近代科学に基づく知識人で、物事を対象化して捉え、外から処方しようとする現実対処の姿勢が強い。

もう一つの専門家は、「暮らしの専門家」である。その地域に暮らす生活者そのものである。生活環境を対象化せず、一体となって暮らしを組み立て、問題を解決して日々を生きている人々である。だから、そこでは長年の経験がものをいい、また先人の知恵や伝承を受け継ぐことが大切となる。

前者の専門家が拠って立つのは近代化以降の学問に立脚する専門分化した「分析科学」であるのに対して、後者の専門家が拠って立つのは実践の実感科学に立脚した「総合学」と言うことができる。

個人的なことになるが、筆者は団塊世代に属する。父親の世代までは、地域の先人の知恵や伝承を受け継いできていた。筆者の世代はそれを継承しなかったことをいまになって思い知らされ、後悔しきりである。

父は農業をやっていたが、建具職人兼大工でもあり、農閑期は大工仕事で外に仕事に行っていた。秋になると、親戚の山に入ってキノコ狩りをしていた。何種類かのキノコを一緒に塩で湯がいて、保存食にしていた。冬の間、塩抜きして大根おろしで食べると、実においしかった。しかし筆者にはキノコの生える場所や時期、どれが食べられるのかなどの知恵が伝承されていない。残念でならないのだ。

キノコ狩りだけではない。正月の神飾り、神社やお寺との付き合い方、念仏講、農作業の仕方、寄りあい、いまではなくなっているが稲作の水守り当番など、農村地域での暮らしそのものの技術と知恵の豊かさは、年をとったいまだから感じられるのかもしれない。

地域再生のワークショップ開催のため訪れたある地域で、イノシシ狩りの名人がいた。狩りに興味があったので、一緒に連れて行ってほしいと頼んだら、素人には無理だと言われた。冬場の雪山の中にチームを組んで狩りに出かけるので、若い頃から訓練をしないと危険なのだそうだ。

ワークショップにその名人が、イノシシの肉をもってきてくれた。宿泊している旅館に持ち帰り、夕食に料理してもらって食べた。宿の女主人が料理してくれたのだが、その女主人も自分でイノシシをさばくというのには驚かされた。

これはほんの一例に過ぎないが、地域での生活はこのような知恵の集積で暮らしが成り立っていた。中山間村をはじめとした地方には、いまでもそれがかろうじて残っている。

ただ、地方でもいまは多くの人がサラリーマン化し、暮らし向きが地域の自然環境とのやり取りが少なくなっている。とくに男性は、地域の自然環境や人間関係から離れたところでの生活スタイルになっている。逆に、女性は地域密着型の暮らしを支えている度合いが高い。それだけに、暮らしの知恵や伝承を受け継ぐ機会が多い。ゆえに、女性のほうにこそ地域の暮らしの専門家が多いのだ。

後に述べるが、地方の地域再生は、「暮らしの産業化」が一つの重要な切り口になる。その意味で、女性こそが地域再生の主人公で、男性は支援役になることが求められる。

†住民の中に答えはある

地域再生を業務として受託するにあたり、プロポーザル方式やコンペ方式が採用されることが多い。また、競争入札で、価格だけが勝負というケースもある。

いずれも仕様書が提示され、前者は企画内容が問われ、後者は価格が問われる。いずれの仕様書も、あらかじめ地域再生の「落としどころ」が事前に定められているか、あるいは企画として求められる。つまり、結論ありきが先なのだ。

関東圏のある町からのプロポーザルコンペの話が、公益法人を介してきたことがある。町では対象地区に道の駅をワークショップ方式でつくることで、地域の活性化を図る。そのための企画提案をしてほしいということだった。しかも、どのような道の駅がよいか、その絵を描いての企画提案を求めていた。「こんな形の道の駅」ということまで描く必要があり、絵の内容までがコンペの対象になっていたのである。

住民の総意で道の駅をつくろうということで、どのような道の駅にしていくか検討するための住民ワークショップの企画提案なら理解できる。そうではなく、道の駅の姿を競わせ、その案（落としどころ）に向けて住民ワークショップで住民の合意を取り付けようという進め方をしようとしていたのである。

もう一つのケースは、地域づくりを住民ワークショップで行うので、このようなワークショップの進め方で行うとプログラムの外枠を決め、その仕様に沿って価格見積もりをする。入札には見積内訳は不要で価格だけで競争入札するというものだった。実際の住民ワークショップの進め方の内容を問わない、金額だけという方式である。ソフトの事業であるにもかかわらず、積算基準が決まっているハードの事業方式で、入札をしたというアリバイづくりとも取れる進め方である。こちらは、こう進めるという意味で、落としどころが定められている。

現状の行政の事業の方式は、「落としどころ」がないと職員自身が不安でならないし、またそうしないと自分たちが仕事をしたことにならず、存在意義がないと思い込んでしまっている。実はその姿勢転換をしない限り、ここまで行き詰まっている地域再生は、打開できない。逆に言うなら、落としどころ方式が、現在の行き詰まりを招いている。その結果、「地方消滅」という危険信号が発せられていると言える。

本書で提案しているワークショップ方式の地域再生は、「落としどころ」を一切用意しないところに特色があり、そこを生命線としている（詳しくは第三章で紹介する）。

理由は、地域再生の答えは、その地域に住んでいる当事者としての住民の中にあるからだ。また、住民が出した答えでないと、住民からはやる気も出てこないし、地域再生軌道に乗らない。当然、取り組みの継続性も保障されない。つまり、住民が主人公にならない限り、地域再生は不可能なところまできていると言っても過言ではない。

「火事場の馬鹿力」という言葉がある。グランドピアノを一人で持ち上げて火事場から持ち出したという話もある。それくらい私たち人間には、常識では考えられない、隠された潜在力があるのだ。

これは何も力仕事に限られるものではない。地域で火事を仕掛けるわけにはいかないが、地域再生の知恵も、一定の方式をもってすれば発現可能なのだ。目下、打率五割の水準まで方式のつくり込みができつつある。それが第三章で解説する「寄りあいワークショップ」である。

事例で紹介する和歌山県の地域再生をはじめ、幾多の実践経験から、「住民の中に答えは潜在している」ということがある程度実証できている。それは住民が地域の暮らしの専門家だから可能なのだ。

†地域を支援する国の動き

このように現場の中、住民の中に答えがあるからこそ、住民が立ち上がれば地域の展望が開かれる。そして、そこにいま三つの追い風が吹き始めている。

その第一の追い風は、地域を支援する国の動きが登場していることだ。

冒頭で取り上げた地方消滅論が見落とした、農山村の可能性を説く著書『農山村は消滅しない』（小田切徳美著、岩波新書、二〇一四）によれば、従来の補助事業は、「行政の押し付けによる支援」「使途が厳しく制約されている支援」「単年度の一回限りの支援」となり、地域づくりに相容れないことは明らかだろう、としている（同、一四六頁）。

これに対して地域を支援する国の動きとして、二〇〇八年以降、急速に整備された集落支援員や地域おこし協力隊は、「地域サポート人材」を自治体が委嘱することに対して、地方交付税（特別地方交付税）により国から支援を行うものである。そして、農山村の現場からの要請に応え、財政原則の大きな壁を崩した画期的な仕組みが整備されたのであるとし、国の動きの大きな変化を評価している（同、一四九頁）。いずれも総務省の制度である。

集落支援員は二〇〇八年（平成二〇年度）に発足し、地元の地域精通者を想定した制度で、二〇一四年は専任支援員数が八五八人、兼任支援員数が三八五〇人、実施自治体数は二二一を数える。一方、地域おこし協力隊は二〇〇九年に発足し、都市圏からの住民票の移動が条件とされているために、多くが都市部の若者であるという（同、一四九頁）。二〇一四年は、隊員数一五一一人、実施自治体数四四四にのぼっている。

この動きは総務省だけではない。農林水産省も二〇〇八年に「田舎で働き隊」事業（農村活性化人材育成派遣支援モデル事業）を発足させている。二〇一五年度からは総務者「地域おこし協力隊」との募集情報の一元化、合同研修等を行うなどとし、「地域おこし協力隊」と名称は変更されたが、農山漁村地域で、実際の事業を通して実践研修を行いながら、農山漁村で働く魅力や面白さを知り、やがては地域活性化の担い手として活躍していく人材を派遣しようとする制度だとしている（農水省ホームページ）。

和歌山県のむら機能再生支援事業で筆者が支援に入っている地区にも、集落支援員や地域おこし協力隊員がいる。都会での実に多様な経験をもった人材だということを感じた。地域にとけこみ、住民と一緒になって地域を元気にしよう、自分も生活を楽しもうという、新しい価値観をもった若い世代が登場してきていることを目の当たりにしている。

日本離島センターが発行している機関誌「季刊しま」（二三八号、二〇一四年七月）は、「地域おこし協力隊」の特集を組んでいる。一三地区一四人の隊員の実践報告がなされている。ここでも実に多彩な経験をした人たちであることがうかがえる。年代も若者から定年退職した人まで、中にはUターンの人もいる。博士号をもつ研究者から、広告代理店、IT企業、デザイン・ウエブ制作、バックパッカーとして二〇カ国を旅した人、など、前職も多様である。いずれの人も従来の価値観に疑問や飽き足らなさを抱き、離島生活に新しい価値を認めて離島に赴いている。中には定住を前提に、地域おこし協力隊の制度を活用している人もいる。

しかし受け入れる側は、この制度をどのように生かしていったらよいか、まだ模索段階である。もちろん隊員の側でも任期期間の三年後をどうするか、個々人の問題であると同時に、制度上でもどのようにフォローしていくか、課題もある。

さらに国の動きが加速し、「地方創生」が政治の第一級の課題として登場してきている。政治的な背景は様々なことがあるとしても、農山村の現場からの要請に応え、財政原則の大きな壁を崩した画期的な仕組みが整備されたと小田切教授が評価している国の考え方の延長線上で、地域創生が推進されるなら、願ってもない追い風が吹き始めたことになる。

内閣府まち・ひと・しごと創生本部も、本書で紹介している「寄りあいワークショップ」に関心を寄せるまでになっている。

†市民の登場

第二の追い風は、旗揚げした住民を応援する市民の登場である。

いまから三〇年以上前にさかのぼるが、トヨタ自動車がケンタッキー州に工場を新設する計画を進めていた。地元地域から寄付金を求められ、企業としてどのように対処したらよいかという研究調査に筆者は加わったことがある。工場ができる前から地域への社会貢献が求められ、どのように対応したらよいか、その方針を判断する基礎調査だった。調査結果にはここでは立ち入らないが、当時アメリカではGDPの一パーセントくらいの規模での社会的な寄付行為で活動がなされているということだった。「フィランソロフィー」という名称で呼ばれる社会貢献活動である。二〇一三年時点では、二パーセントになっているようだ。このうち個人の寄付が八五パーセントを超えている。

アメリカ社会では、キリスト教文化を背景とした、このような社会貢献活動が盛んである。しかし、日本でも同様な精神文化は伝統的に存在している。

地域を元気にする取り組みの支援で、筆者は日本の各地を訪問している。住民のワークショップは、主に地区の公民館や集会場などで行われる。そこには地区の取り組みの歴史を語る写真や運動会などをはじめとした地域の競技会の賞状、トロフィーなどが飾られていることが多い。加えて、公民館や集会場の建設や改修に寄進した寄進者の名前と金額が掲示されている姿をよく目にする。同様な掲示は、氏神様をまつる神社では必ずと言ってよいほど見かける。

筆者がいま住んでいる山梨県の農村地帯の地区でも、延命地蔵尊という名の祠があり、秋に毎年地区総出のお祭りをする。隣接するお寺の檀家の人とともに地区自治会も予算を計上して一緒にお祭りをするが、住民や地域で事業を営む多くの人も寄進し、寄付者の名前と金額が表示されるのが常だ。

日本社会には伝統的に地域の行事や神社仏閣の改修などに寄進する風習がある。いまでは地域との一体感が薄れつつあり、そのような住民の行為は精神的には後退したかの感を受ける。しかし、阪神淡路大震災からだと思われるが、日本人の社会貢献の精神は地域コミュニティから、形を変えて広く日本社会へ貢献をしたいという方向に拡大している。二〇一一年の三・一一東日本大震災の被災の復興支援では、そのことが確かな動きとして定着していると感じた。阪神淡路大震災から東日本大震災の間に、「特定非営利活動促進法」の法制化も進み、いわゆるNPOの活動も広がってきている。社会的な正義を掲げ、様々な分野で社会や人々への貢献活動が広がっている。

このような市民の社会貢献活動は、地域再生に取り組む住民への支援にも広がっている。いささか現象的には形は違う側面もあるが、ふるさと納税に多くの人が支援する動きも、底流ではこのような社会貢献活動の動きとつながっていると言えよう。

　このような状況を背景に、地域が夢とビジョンを描き、地域にあるものをもとに事業に取り組んで旗揚げすれば、それを応援する市民が登場してくることは間違いない。その象徴的な事例もあとで紹介したい（第四章）。

†若者の田園回帰

　第三の追い風は、若者の田園回帰の動きの登場である。

　前述した集落支援員、地域おこし協力隊に応募して地域に入っている人は、田園回帰の顕在化した動きと見ることができる。これを、都市住民の農山村への関心が高まっているとし、国民の「田園回帰」と位置づけているのが、先に引用した小田切教授である。以下は彼の議論である。

　内閣府がかなり大規模な世論調査をした。農山村地域に定住したいという願望があるかどうかを問うたもので、「ある」と「どちらかというとある」と回答した人の合計数字をもとに、グラフ化している。二〇〇五年と二〇一四年で同じ質問をしたデータを、年代別に比較できるグラフとなっていた。

　それによると、二〇歳代、三〇歳代、四〇歳代、五〇歳代、六〇歳代、七〇歳以上、いずれの年代も二〇〇五年より二〇一四年のほうが、男女ともにポイントが高くなっている。とくに二〇代の男性は二〇ポイント近く高くなり、四七・四パーセントに達している。つまり二〇代の若者とりわけ男性に聞けば、その半分は将来農山村地域に移住したいという願望をもっているという、そういう世の中になっているというのだ。さらに、最近ではIターンならぬ「孫ターン」の状況が生まれているという。

第四章の事例で紹介する一〇年目を迎えた和歌山県水土里のむら機能再生支援事業の報告会のシンポジウムに、小田切氏は記念講演の講師として二〇一五年三月に来られた。そこで小田切氏は、この動きが具体的な行動につながっているとして、島根県の中山間地域研究センターの藤山浩さんがまとめたデータを示し、中国山地では過疎地へ若者が移住し、人口社会増の実態が生まれていると話された。二一〇の小学校区単位の三分の一、七四か七三の小学校区で人口が増え始めているということだ。こういった実態は、市町村単位や合併前の市町村単位に戻って調べてみてもわからないのだという。実は、それよりももっと小さな大字とか、小学校区単位で人口を調べることで、若者の移住による人口の社会増が判明したという。

このようなデータを受け、二〇一四年の夏ごろから、小田切氏は「田園回帰」という潮流が国民の中にあるのではないかという問題提起をしている（詳しくは、前掲書一七六〜一八五頁を参照）。

第四章の事例で取り上げる山梨県富士川町《ふじかわちょう》は、消滅可能性地域に名指しされた自治体である。総合計画立案を支援したが、人口増五〇〇人を目標に取り組んできている。現在、移住者の問い合わせが月に一〇~二〇件ある。実際に移住する家族が年間一〇件にのぼるという。

町では、地方消滅の論調の登場前から、空き家バンクをはじめ様々な誘引策、優遇策を講じて努力しているが、田園回帰の潮流が背景にあるからこそ、このような移住者の状況が出てきていると理解してよいのではないだろうか。

だが行政がいくら努力しても、受け入れるのは地域の住民であり、コミュニティである。このような田園回帰の潮流を味方につけられるか否かは、地域住民が立ち上がるかどうかにかかっていると言わざるを得ない。逆に言えば、立ち上がれば必ずや地域の展望が開かれるだろう。

第二章 理論

意見地図の作成風景（和歌山県紀の川市名手上地区）

1 ソフトの基盤整備

地域再生問題の現状を第一章では分析したが、本章ではそれを踏まえて、地域再生のために何が必要なのか、その理論的枠組みを考えてみよう。必要なのは以下の三つである。①ソフトの基盤整備、②行政の役割を活かした協働、③地域自治コミュニティの再生。そして、この三つを実現するのが「寄りあいワークショップ」なのだ。①から順に見ていこう。

†ハードを整備しても人がいなくなる

一九九八年に北海道の上川管内PTA連合会の地区研究大会の支援で、和寒町を訪れたときのことである。飛行機の上空から上川管内の水田の姿を目にし、稲作がこのような北限の地まで広がっていることに驚かされた。和寒町《わっさむちょう》では、カボチャの生産が基幹産業となっていた。車で案内してもらったところ、舗装された立派な道路が農村風景の中に整備されていて、その充実ぶりに驚かされた。

ところがさらに驚かされたのは、道路が整備されても、人は次第に都市圏に出て行き、過疎化が進んでいるということであった。舗装された近代的な道路というハードが整備されても、人はいなくなる。そんな状況が、そのころにはすでに進行していたのである。

北海道は、明治期に本州・四国・九州地域から多くの人が屯田兵として入植し、開拓した地である。入植の最初には、同じ県の出身の人たちで神社を建立し、ふるさとから持参したご神体を収めた。そこから開拓が始まり、現在のような北海道の繁栄がもたらされたという。しかしいまや入植した人たちの末裔は、神社をたたみ、他の出身県の近くの神社にご神体を預けて、地区を出て行くのだという。

離島でも、念願の橋が本州との間にかかると、人々が本州側に出て行くという状況が生まれているのは、すでに触れた通りである。

ハードの整備は道路だけではない。地域振興の名のもとに、様々な公共施設が建設されているが、中山間村地域から人がいなくなる状況は変わらない。和歌山県の例に見るなら、水路や農道、耕作地の構造改善や整備、改修を行っても、少子高齢化は進み、むら機能が維持できない状況にみまわれている。それゆえに、水土里《みどり》のむら機能再生支援事業のようなソフト事業を、ハード事業を所管する部門が行わねばならない状況にまで進んでしまっているのである。

だから、地方創生の名のもとにハード事業を展開しても、地域再生は難しい。もちろん、ハードの基盤整備が必要ないと言っているのではない。ただ、政策の観点から見れば、明治以来の近代化路線上でのハード重視、中央集権型の行政が、制度疲労を起こしていると言わざるを得ない。

†ヨコの組織と教育の衰退

いまなぜハードではなく「ソフトの基盤整備」が地域に必要なのだろうか。それは、ヨコ糸の組織が弱まり、教育が衰退しているからだ。

伝統的な地域社会には、様々なヨコ糸の組織が存在した。自治区の組織はもちろん、商工会、農業協同組合、漁業協同組合、林業協働組合、青年団、子供会、婦人会、老人会、PTA組織、公民館活動組織、消防団、愛育会（山梨県の場合）、祭りや伝統行事の組織、神社の氏子組織、お寺の檀家組織、無尽講、財産区の組織、などなど。他にもインフォーマルな形でのヨコのつながりの組織が存在し、住民がその組織の網の目で支えられ、また支え合っていた。

それが一九六〇年（昭和三五）頃から徐々に力を弱め、地域にもよるが、現在では極端に言うと自治会組織と老人会くらいしか残っていない。老人会もなく自治会組織だけといった地区も見かける。まさに地域共同体が崩壊しつつあると言っても過言ではない。

このようなヨコ糸の組織は、存在すること自体で住民相互のつながりをもたらすだけでなく、地域の伝統を継承していく教育機能も担っていた。ヨコ糸の各組織がそれぞれの分野で会合をもち、地域の中で各種の行事や催し物を企画し、実施する。そして実施後、飲み会による打ち上げ会を行う。そういった共同の取り組み自体が、地域における教育機能を果たしていた。いまやその教育機能が衰退しているのが重大な問題なのだ。

これらヨコ糸に対して、タテ糸とも言える存在も地域からはなくなりつつある。いわゆる村《むら》長《おさ》、あるいは地域の名士、実力者、ボスといった存在である。自分の地域はこうなのだという地域を取りまとめていく人材であり、彼らがかつては地域を代表して、行政や対外的な組織との交渉をしつつ地域経営をしていたからこそ、地域は守られていたのだ。

私事になるが、約二〇年前の一九九三年に東京圏から山梨県の農村部へと居を移した。その後二年目に、自治区の組長になった。そこへちょうど、町長選があり、自治区の中から立候補者が出た。自治区の組長組織が選挙母体になったのだ。そのことにも驚いたが、選挙戦に入ると、地区とよその地区をつなぐ各道路の入り口に、夜番の見張り役が立ったのだ。他地区から自区民の票をとられないように防衛しようという役回りだった。組長なので筆者もそこに立つことになったのである。

信州の田舎で生まれた筆者は、小学生の頃、一九六〇年代に、同じような姿を体験した。寒い冬の夜に一斗缶に薪を入れて燃やしながら暖をとり、大人と一緒に夜明かしをしたのだ。それが四半世紀を経ても続いていたのである。

地区代表として政治に人を送り出し、自分たちの地域経営に役立てる。半面では利権がらみといった負の側面も抱えていただろうが、逆に見るなら、地域住民が地域経営を自分たちのこととして取り組もうとする姿勢があった。良いにしろ悪いにしろ、それが地域の自立性を生み出していたと言える。

このようなヨコ糸とタテ糸の衰退がコミュニティの力を弱め、そこに先に述べた行政のタテ割り事業が直に効き始め、地域を解体する方向に作用し始めている。これが、いまの地域の状況だろう。

†話し合いの場――「寄りあい」の伝統

では、コミュニティ再生のためのソフトの基盤整備として、具体的に何をすればよいのだろうか。それは、「住民の話し合いの場」の提供である。そしてそこから、地域を元気にする住民発の活性化の具体的な事業を生み出し、公共事業として実行する。その過程を通して、地域のヨコ糸の組織とタテ糸の組織を再生していくのである。

その住民の話し合いの場として、具体的な手立てが、筆者が実践的に開発してきたのが「寄りあいワークショップ」という手法である。その詳細な方法については第三章で述べることにして、本章ではその基本的な考え方や思想について簡単に述べたい。

子どもの頃、信州の田舎での地区の「寄りあい」に父親に連れられて同席したことが何回かある。地区の役員決めや行事について和やかに話し合っていたように記憶する。

山梨県の農村部で暮らし始めて、自治区の年次総会に出席したときのこと。そこでは総会資料が準備され、議題に従って、議長の選出、第何号議案という形で会議が進められていた。議長の選出は、「〇〇さんを推薦します」「異議なし」と続いて、拍手で承認。選出された議長の下で、議案ごとに総会資料が読み上げられ、「異議がなければ拍手で承認ください」「異議なし」と続いて、拍手が起こる、といった展開であった。やや形式化してしまっているが、これこそ寄りあいの現代版なのである。

日本列島をくまなく歩いた民俗学者・宮本常一氏の著書『忘れられた日本人』（岩波文庫、一九八四）によれば、古来日本の村では「寄りあい」で取り決めごとがなされてきた伝統があるという。かつて宮本は、離島・対馬の集落で古文書の資料を借り出そうとしたとき、寄りあいの承認が必要だということで、丸二日がかりで村人たちが協議する場面に立ち会った。別の集落でも同様に資料を借りようとしたら、村役の人が別の島から船で来た。寄りあいに参加している全員が納得するまで話し合いが行われていたという。時代を遡れば、「そういう会合では郷士も百姓も区別はなかったようである。領主ー藩士ー百姓という系列の中へおかれると、百姓の身分は低いものになるが、村落共同体の一員ということになると発言は互角であったようである」(同、一九～二〇頁)。「反対の意見が出れば出たで、しばらくそのままにしておき、そのうちに賛成意見が出ると、またそのままにしておき、それについてみんなが考えあい、最後に最高責任者に決をとらせるのである」(同、二〇～二一頁)。

このように、平等かつ民主的に意見交換、決定がなされていたようである。

こうした話し合いの伝統が、やや形式化しつつも寄りあいという形で、日本の伝統社会の中には受け継がれてきた。それを再度蘇らせる取り組みが、ソフトの基盤整備事業としていま必要なのである。

†寄りあいワークショップ

戦後の民主主義教育を受けてきた現代人は、物事を決めるにあたって、科学的な手続きによって透明性が保証されていないと、その決定は受け入れられない。本書で紹介する「寄りあいワークショップ」という方法は、そのような要件を満たし、かつ日本古来の村の会合で行われていた平等かつ民主的に意見交換、決定をなす方法なのだ。それゆえ、現在地域住民にも受け入れられている。また、行政の立場からは、「住民の話し合いの場」の提供として事業化できるように技術化がなされている必要があるが、これにも応えられる方法となっている。

ここではまず、寄りあいワークショップの概要を説明しよう。図2を参照されたい。

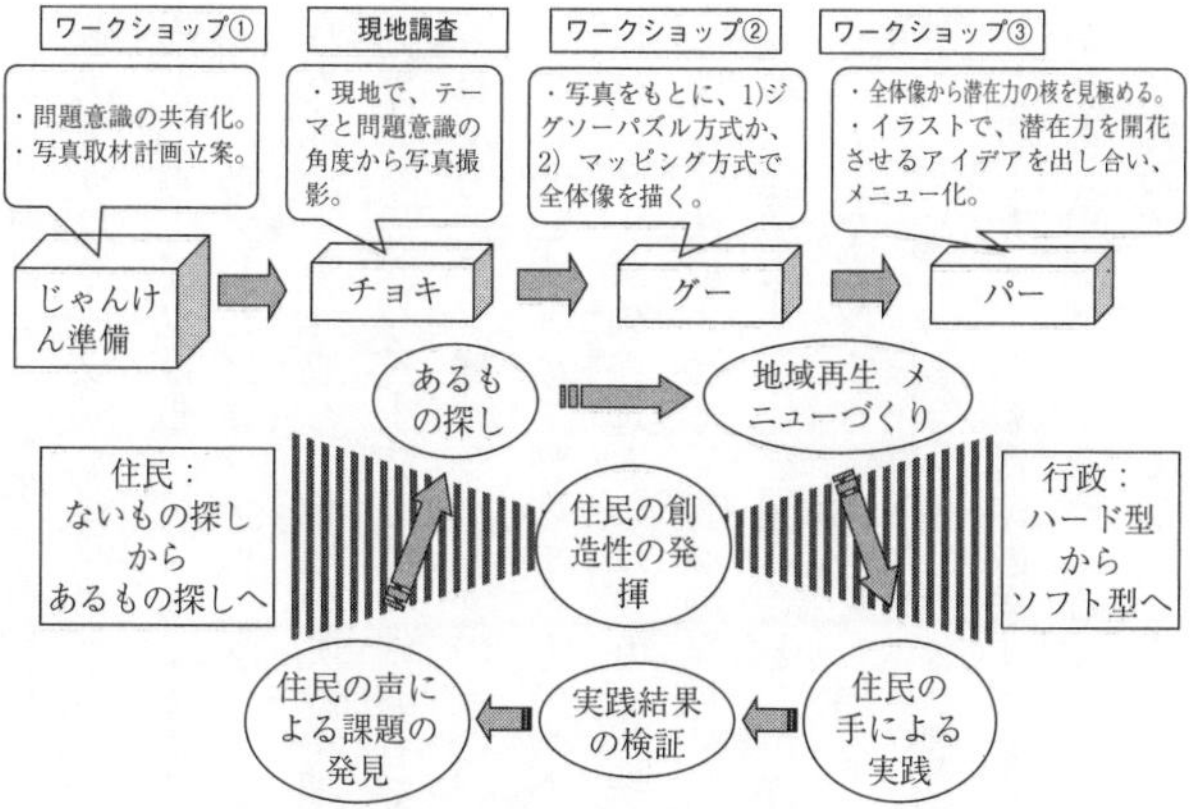

図2　寄りあいワークショップ手法：じゃんけん方式

じゃんけんの手を順番に展開するところから、住民に親しみをもってもらいやすくするために「じゃんけん方式」という愛称をつけて方法や手順を説明している。

入り口はワークショップ①で、「住民の声による課題の発見」である。

住民自ら地域の実態を振り返り、問題や悩み、将来像を、批判せず互いに自由に意見交換する。その後、各自が意見カードを記入して出し合い、全員で「意見地図」を作成する（本章扉写真）。その上で、どの部分が重要かを点数で重みづけ評価する。通常は、五点、四点、……一点、と、点数が高い順に一位、二位……と重みづけしている。集計の結果、得点の高いところが重点課題として浮かび上がる。この作業を「じゃんけん準備」の場面と位置づけている。

次は現地調査で、「あるもの探し」を行う。参加者全員が簡易カメラを用いて、重点課題を解決するために役立つ資源や宝物、改善箇所などを写真撮影する。シーンや事、人、ものなどを写真にして切り取ってくることから、「チョキ」の場面と位置づけている。

次いでワークショップ②となる。「あるもの探し」の続きで、撮影した写真を用いて「資源写真地図」を作成し、地域の実態を把握する。この作成方法は、KJ法の原理を応用した写真分析法である。KJ法とは、創案者である文化人類学者・川喜田二郎氏の頭文字をとって命名された方法で、様々なデータのうち、ポイントとなるものをカードに書き、そのカードをグループごとにまとめて整理するものである。これにより課題抽出や実態把握が可能となる。正確には、データの整理というよりも、データの「統合（まとめ）」になる。

この手法によって、資源の発見や新たな課題を見つけることができる。あわせて、住民間での地元認識の共有化を図ることも可能となる。個々の写真をジグソーパズルのように組み立てて、実態を掌握することから、握るという意味で「グー」の場面と呼んでいる。

次いでワークショップ③で、「地域再生メニューづくり」を行う。重点課題を解決するために把握した地元の資源や改善すべき点を使って、どのようなアイデアで地域再生を図っていくかを考え、メニューをつくる。

写真のイメージをよりどころにし、アイデアをイラストや漫画を用いて形にし、解説文を付記する。このアイデアカードを持ち寄り、全員で「アイデア地図」を作成する。そして、どこから優先的に行っていくのかの重みづけの投票評価を行う。投票方法は、意見地図が重要度評価であるのに対して、ここでは優先度評価を行うが、点数の投票方法は同じである。

その上で優先度の高いアイデアについて、①難易度、②実現の目標時期（短期・中期・長期の別）、③実行主体（住民・行政・協働の別）を見定める。加えて、これら三項目の見定めの結果と地域の実情を考慮しながら、④着手順位を見定めることで「実行計画」を立案する。この場面は大いにアイデアを広げようということから、広げた手にちなんで「パー」の場面と呼んでいる。

これらを受けて、実行リーダーと実行組織を立ち上げ、行政との連携によって「住民の手で実践」へと進める。

実践過程では、取り組む姿と、そこからもたらされる結果、成果を写真撮影する。一定期間後に写真をもとに分析して「検証写真地図」を作成し、「実践結果の検証」を行う。その上で、実行計画の改訂版を作成し、二回目の住民の手による実践へと歩みを進める。このような取り組みのサイクル、すなわち「地域再生起動エンジン」を地域の中につくり込むことで、内発的な地域再生が可能となる。

寄りあいワークショップとは、このようにじゃんけんの手を、「じゃんけん準備⇓チョキ⇓

グー⇓パー」という順番になぞるプロセスとなっている。

†コミュニティの創造性開発

寄りあいワークショップの狙いは、「住民の創造性の発揮」を支援することにある。従来の地域開発は、課題の発見から資源調査、解決の計画までを専門家や研究者が行い、住民はそれを受けて実行するだけになっていた。先にも触れたが、これでは事業予算が切れると住民も実行の手を止めてしまい、元の木阿弥になってしまう。

住民は、その地域に住む〝暮らしの専門家〟である。寄りあいワークショップでは、住民が創造性を発揮して地域再生に取り組むことで生きがいを見出し、自分たちの地域に「誇り」をもてるようになることを狙いとしている。

さらに言うなら、住民に作業だけをさせて、創造性を発揮させてこなかったことが、今日の地域の疲弊した状況を招いてしまった本質的な要因だと筆者は考える。住民一人一人の創造性の開発にとどまらず、コミュニティとしての組織の創造性開発が重要なのだ。

また住民は、「ないもの探し」の姿勢で、「あれがない、これもない」、挙句の果てには異口同音に「コンビニもない」などと言い出しがちである。これではいけない。寄りあいワークショップはこれを「あるもの探し」の姿勢に転換する狙いがある。

一方、行政は従来「ハード型」の傾向が強く、「やれ道路をつくれ、建物を建てろ」、といった姿勢がうかがえた。寄りあいワークショップでは、その姿勢を「ソフト型」に転換し、何をやるのかについて案を出し、その上で必要ならハードもつくる、となることを狙っている。

このように、寄りあいワークショップを展開しつつ、行政の仕事のやり方と住民の地域づくりの姿勢転換も行うのだ。これこそが、ソフトの基盤整備の中核をなす。その上でさらに、実行のメニューの内容に応じて部会をつくり、各種の横断的な組織を形成していく。それによりヨコ糸とタテ糸が再生されていくのだ。

2 行政の役割

†地域再生の協働の仕組み

寄りあいワークショップの手法が実際の地域で効力を発揮していくためには、住民が主体になるだけでは不充分だ。行政をも巻き込んだ、地域における協働の仕組みが必要となる（図3）。

寄りあいワークショップの展開の結果、実行組織を立ち上げ、リーダーを選任して動き出す

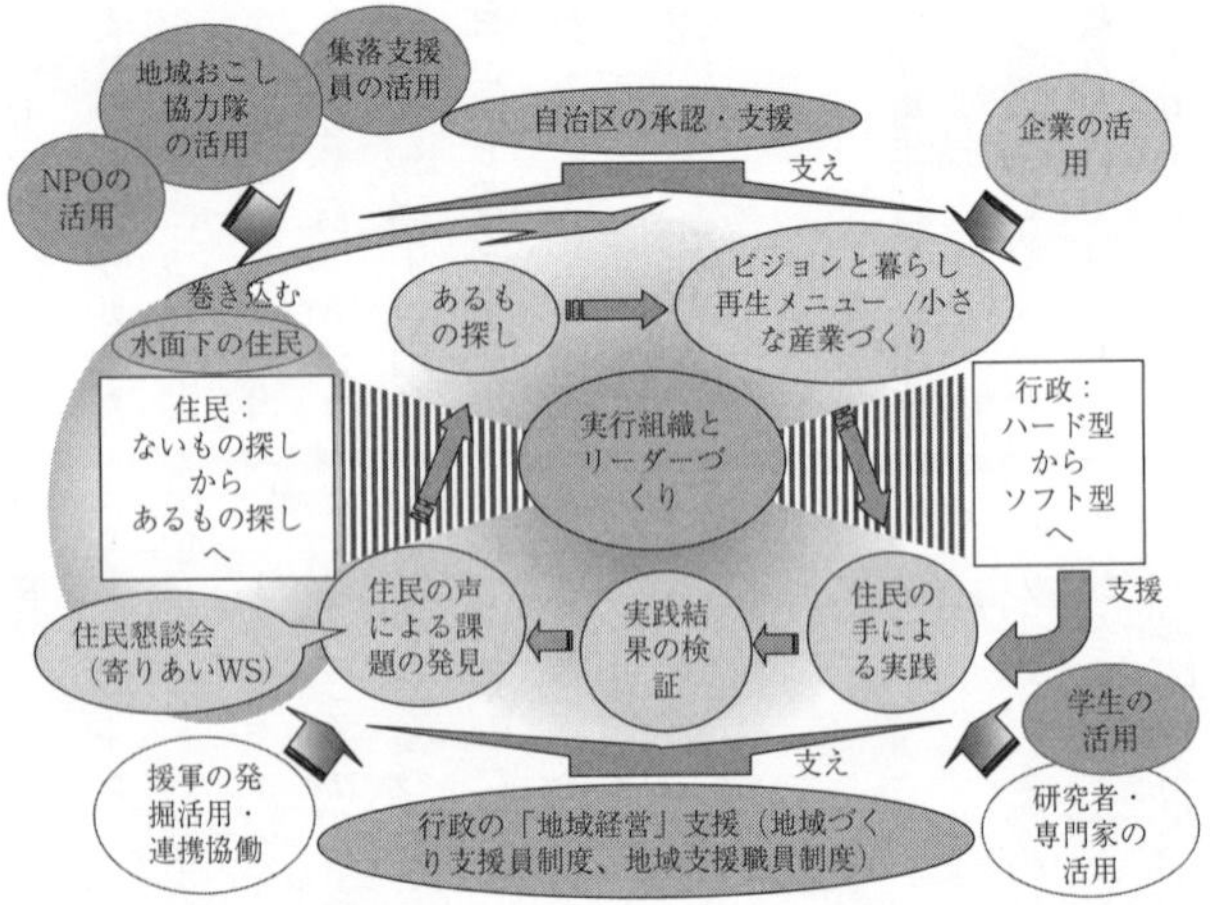

図3　地域再生の協働の仕組み

ためには、自治区（あるいは町内会）の承認が不可欠である。承認があって初めて実行組織は、地域の中で大手を振って活動できる。そうでないと「勝手にやっている」という視線で住民からは見られ、出る杭は打たれる式になってしまう。

かといって、自治区の役員がそのまま実行組織に横滑りしてはならない。役員は任期制となっているのが通例で、一年か二年で代わると、実行組織の継続性を保てない。新規の役員は「そんな活動は知らない」ということになり、ご破算になってしまう。当初の実践段階では、そのような場面に多く接してきた。

実行組織にその時点での役員も加わってよいが、主体は行動力のある若手や女性陣で構成するのがよい。実行力と組織の継続性を大切にするとよいことが、実践経験上、判明している。

一方、行政の役割は、実行組織を下支えすることであり、地域経営の角度から支援することが求められる。和歌山県では「地域づくり支援員制度」が設置され、各地域振興局単位に三人の職員が任命されている。寄りあいワークショップの対象地域の発掘、設営・開催から実行の支援までを行っている。

山梨県富士川町では、合併に伴う総合計画立案の実践支援にこの方式を導入している。二〇地区の自治会と総合計画審議会で寄りあいワークショップを行いながら、各地区の課題地図(意見地図に相当)、解決策地図(アイデア地図に相当)、実行計画と総合計画を連動する形で作成した。そして、「地域支援職員制度」を施行し、実行支援に取り組んでいる。この制度は、和歌山県の地域づくり支援員制度の市町村版として導入を勧めた経緯があるが、住民から高い評価を得ている。和歌山県と富士川町の両制度の詳細については、あとで補足説明したい。

解決アイデアの実行を進めていく過程では、多くの関係者との連携・協働が重要となる。地元出身者や関係者の援軍をはじめ、特定非営利活動法人(Nonprofit Organization：NPO)、集落支援員、地域おこし協力隊、学生、研究者・専門家、そして企業などである。また、高齢化社会の行く末を見通すと医療福祉の分野まで視点を広げる必要があり、地域包括支援センターや介護施設、医療機関など、多くの社会資源があり、そことの連携・協働も焦点になってくるだろう。

そして、このような連携・協働を図りながら、寄りあいワークショップのサイクルを回すことで実践力を高めていく。初期の段階でワークショップに参加してくる住民は数が限られているが、活動が活発になるにつれて次第に水面下の住民を巻き込んでゆき、やがては全地域に広げていくことができる。

ここで重要なのは、住民自治である。地域が自分たちの地域の問題解決主体となり、地域運営の手綱をとって、各支援先の力を引き出すことにある。行政の役割は、そのような住民主体の取り組みをいかに応援、支援するかにある。

†住民・行政・NPOの連携・協働の仕組み

住民の地域自治の力を引き出していくには、住民と行政の関係の転換も必要となる。

従来の行政は、住民の要望を聞いてそれに応える形で進めてきた。そのため、住民がやることはまず陳情となり、住民は行政にお任せ型の姿勢となってしまっている。行政のサービスを当然のこととする、要求型の姿勢と言ってもよい。その結果、住民の声を聞いたら応えなければならないから、行政側は住民を避けがちになる。平成の合併に伴う人員削減や財政難が、これに拍車をかけている。

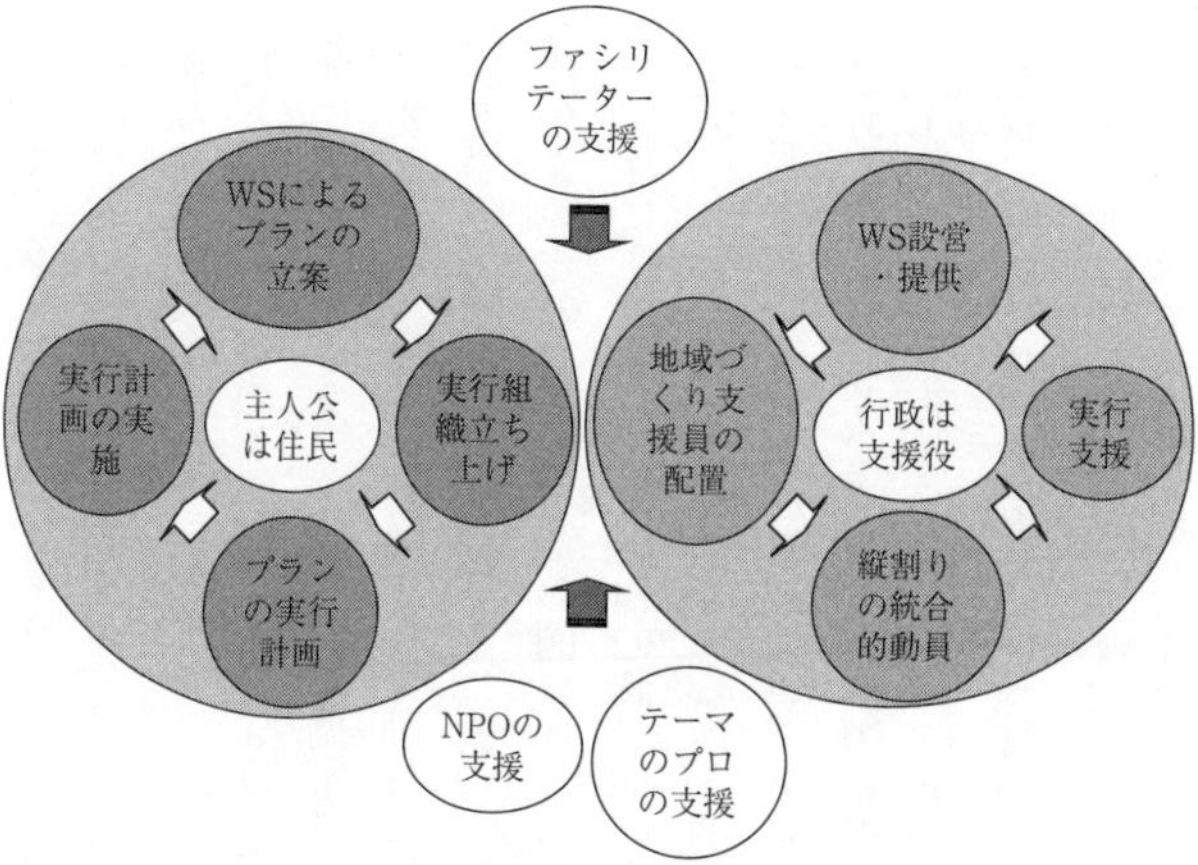

図4　住民・行政・NPOの連携・協働の仕組み

この関係を転換しなければならない。筆者はその方向で地域と行政に関わり、支援してきた。図4は、寄りあいワークショップを起動させる仕組みである。

ここでは、主人公は住民である。寄りあいワークショップによってプランの実行計画を立案し、実行組織を立ち上げ、プランの実行計画を立案する。そして実行計画を実施する。これと連動する形で、行政は支援役となり、寄りあいワークショップを設営・提供する。そして「地域づくり支援員」を配置し、行政のタテ割り事業の統合的動員を図って実行支援を行う。

この両輪構造をつくり込み、回す役割が、寄りあいワークショップの運営役のファシリテーターである。ファシリテーターとは、両輪を回す触媒役、すなわち潤滑油と言ってよい。

そして、テーマのプロの投入（研究者・専門家、コンサルタントなど）とNPOや市民、地元出身者や関係者の援軍、集落支援員、地域おこし協力隊、学生、そして企業の参加を促し、両輪の回転を加速していく。

たとえばテーマのプロで見てみよう。実行計画の中に商品開発とその販売が上がっていれば、必要に応じてマーケティングの専門家やデザイナー、販売促進のコンサルタントといったプロが必要となる。住民が高齢化して動けない部分は、社会的な意義を感じて活動するNPOや市民が実働の部隊として支援する。先にも触れたが、高齢化時代に伴い、医療・福祉・介護分野の社会資源との連携も、この図に加わってくるだろう。このような関係者は、ファシリテーターと同様に住民と行政の両輪の潤滑油の役割となる。

従来はともすると潤滑油であるべき関係者が主人公となって調査し、計画を立案するという形で主導権を握ってきた感が強い。あくまで住民が主役で行政が支援役の両輪を支援する潤滑油であるべきであり、その方向への転換があわせて必要なのである。

このように、住民・行政・NPOをはじめとした関係者の連携・協働の仕組みをつくり込むことが、行政には求められる。地域づくりのキャスティングボートを握っているのは事業予算をもつ行政だからである。これこそが行政が変わらなければならない所以である。

ただしすべての業務がこのような両輪構造でなければならないわけではない。行政が主役になって住民をリードしていかねばならない領域は依然として数多く存在する。たとえば昨年、日比谷公園や代々木公園で発生したデング熱へは、まさに行政が率先して対処し、住民をリードしなければならない。このような例はほんの一例だが、住民主体と行政主体の新たな棲み分けとバランスを開発していく必要が行政課題として出てきている。

†タテ割りの弊害への対処

「住民は主人公」で「行政は支援役」という両輪の歯車を機能させる要は、たとえば和歌山県でいうなら、「地域づくり支援員」の名称で呼ばれているような行政機能にある。それは、地域再生の向かい風の第三として位置づけた「行政のタテ割り」に対処する存在である。

行政をはじめとした各種分野のタテ割り発想が、なぜ地域の疲弊を加速させているのだろうか。問題は、それぞれの事業を行っている側の外の視点から、地域の問題点に焦点を当てて処方してしまうという、その取り組み方にある。対象の側の問題の全体像を把握し、その全体の中で何が急所となる問題かを見定め、そこに処方するならよいのだが、逆になっているのである。つまり、手持ちの処方が先にあり、それを実施するために自分の仕事をしてしまっていると言える。この構造を逆転することが、内発的な地域づくりには必要である。

図5は、図の左側が、従来の行政のタテ割り事業の投入方式である。事業単位とは「点」に

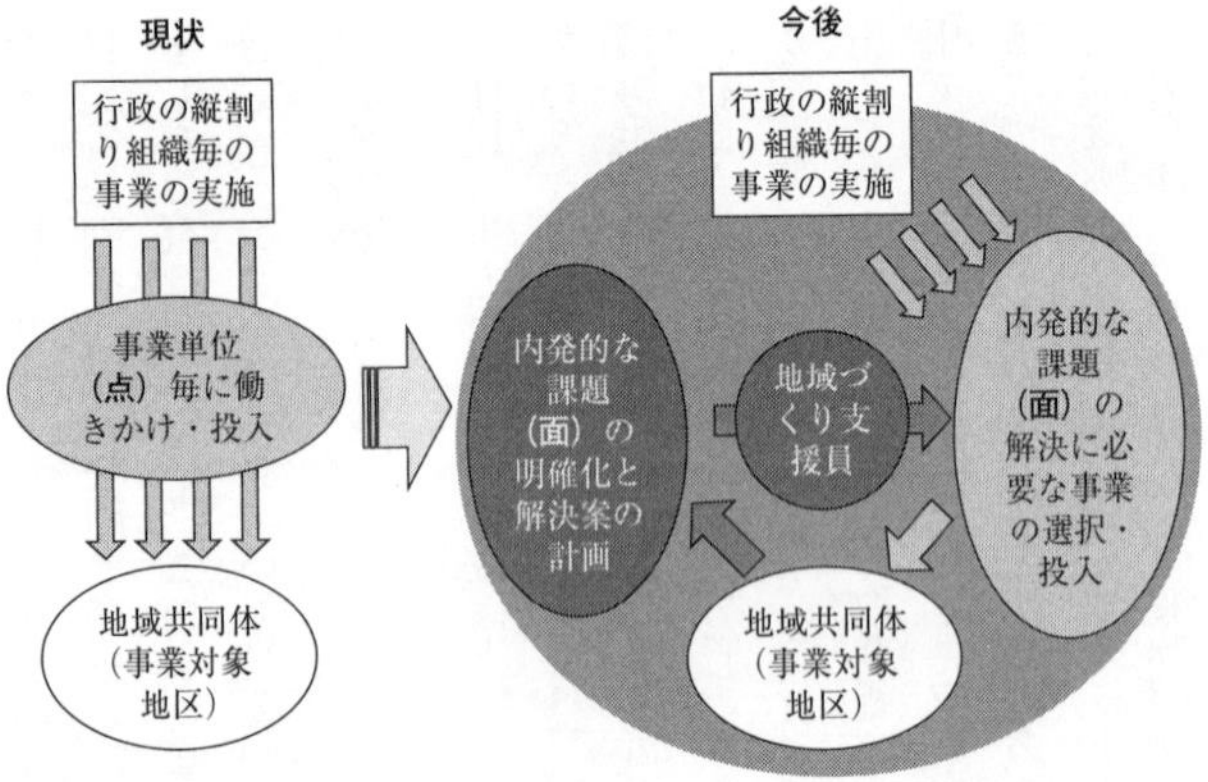

図5　点ではなく面の行政支援の仕組み

相当する。その単位ごとに地域共同体に働きかけて事業を投入する。地域に向かってそれぞれが各個撃破のごとく鉄砲玉を打ち込んでいる姿と見ればよい。必要な事業だけならよいが、不要な事業まで撃ち込まれるわけだから、これでは地域住民もたまったものではない。タテ割り事業で切り刻まれているに等しい。こうして地域は解体の方向に向かいつつあり、崩壊寸前に追い込まれている。

これに対して右側のような仕組みに行政支援を替えていく。地域コミュニティを主体に、「面」として住民の抱く問題意識を住民自身が明らかにし、内発的な課題を見定めて、解決案を立案する。そこに必要な事業をタテ割りではなく、それらを統合して動員・投入する。

地域づくり支援員は、地域に相対して、面としての住民自身が明らかにした内発的な課題解決に必要が内容を把握する。その情報をもって行政側の全事業メニューに相対し、課題解決に役立つ行政事業を選び出し、メニューになければ新たなメニューをつくり出し、それらを組み立てて一体的な事業として地域に提供する。

実はこのような方式に転換することで、複数の省庁から出されている類似の事業を一体化することができ、ダブりが生じる事業予算の部分はどれかで代用することで予算の削減自体が可能となる。

だから、地域づくり支援員のような制度の導入は、地域再生にとっても行政の経費削減上からも、極めて重要な取り組みなのである。

先にタテ割りの弊害として、高齢者の処方された薬の飲み残し問題の例を挙げた。この問題への対処には、マスコミの報道によれば次のような方法があるという。

地域づくり支援員にあたる役割を、病院と患者を仲介する形で薬局の薬剤師が担う仕組みに変える。薬剤師が患者の家庭訪問をして服薬の状況と体調を把握し、必要に応じて複数の診療科にわたる医師に報告・相談して処方を変更するなどの患者支援をする。実際、こうすることによって服薬による体調の悪化を防ぎ、かつ残薬の山をなくして医療費の削減に寄与しているという。

生きている一人ひとりの患者と同じように、一つひとつの地域も生きた存在である。病院が複数の診療科によってタテ割り方式の医療処置をしていると同じように、自治体も多数の部門によってタテ割り方式で事業対処している。このように捉えると、薬局の薬剤師の役割と地域づくり支援員は、同じようなイメージで捉えられるのではないか。

行政は制度上、あるいは機能上、どうしてもタテ割り的にならざるを得ない側面がある。それをこのように「点」ではなく「面」の行政支援の仕組みに変えていくことが、地域再生には不可欠である。

そしてこのことは行政だけではなく、地域に関わるすべての関係機関や人々に言える。だからこそ関係者の連携・協働が必要なのである。

3　地域自治コミュニティの再生

†地域の将来を話し合う

地域再生のためには、まずソフトの基盤整備として、まず寄りあいの場をつくり、住民主体の「寄りあいワークショップ」を開くこと、そしてそれを行政が支援することが必要だと、ここまでで述べてきた。

その上で、いよいよ地域自治コミュニティの再生を目指すことになる。そのために必要なのは「話し合い」だ。

和歌山県有田川町畦田《ありたがわちょうあぜた》地区に、県職員を対象とした寄りあいワークショップの理解を深めるための研修で訪ねたときだ。区長の案内で地区内を現地調査したあと、集会場で地域の歴史と現況について、次のような話を聞いた。

「一九六二〜六三年頃、国の指導でそれまでの稲作栽培からミカン栽培に転換することになった。このときは地域でその指導に従って栽培種目の転換を行うか行わないか、みんなでとことん話し合った。そして、集落を挙げてブラジルに移民するようなつもりで、みんなでミカン栽培の決断をした。

それ以来、地区の将来についてみんなで話し合うこともなくなってしまっている。そして、あれよあれよといっている間に〝なし崩し的に〟村の人が勤め人になって外に働きに行くようになってしまった」

和歌山県での地域再生に向けたワークショップは、五二地区にのぼる。多くの地区から聞こえてくる感想は、「これまで地区の行事についてみんなで話すことはしてきたが、みんなで自分たちの地域の将来を考えるのは、初めてだ。今日は本当に有意義だった」というものだ。いつからかあれよあれよという間に、つまり何も地域の将来のことを考えないまま、時代の流れに乗ってここまで来てしまったのだ。

ここで語られているのは、日本の農山漁村のほとんどの地域に共通する姿であり、実感でもある。そして地方の衰退の要因の本質を象徴的に語っている。

つまり、かつては自分たちの地域の将来を考え、自分たちで地域経営の手綱をとってきていたのが、ある時期から〝なし崩し的に〟この地域経営の手綱を手放してしまった。それが本質的な衰退要因なのだ。それゆえに、冒頭から述べているように、住民が立ち上がらない限り、地域再生は難しいのである。

そして立ち上がるためには、「地域の将来を話し合う」。しかもみんなで話し合うことから始まるのだといえよう。

†金儲けより「話ができる」こと

地域住民が立ち上がり、地域経営の手綱をとり始めた「原型モデル」と見ることができる地域がある。和歌山県有田川町北地区である。

地区にある小学校には一〇〇周年記念碑が建つが、すでに廃校となっている。寄りあいワークショップは、この小学校区で開催された。

寄りあいワークショップで出てきた実行策の第一は、「里の直売所」であった。ワークショップの終了時、里の直売所を進めるための役員を三人決め、その後ミカンの収穫の最盛期ということもあって忙しく、二カ月後に三人の役員が集まり、北地区のうち、畦田と彦ケ瀬、瀬井の三地区のそれぞれから二人ずつ役員を出すことを決めた。当初、六人の役員全員が男性だったが、その後三人の女性が加わり、現在は九人で運営している。

役員会で運営の規約をつくり、一人一万円の出資で組合員を募った。その資金で四トントラックの貨物室部分を譲り受け、直売所の建物とした。みんなが寄りあう場には、簡易テントを建てた。販売商品は野菜や果物が中心だが、組合員以外からも受け入れ、品揃えに努めている。店での販売は役員が交代で行う方式をとっている。

行政側は、県が直売所を建てる場所として県道のわきに広がる空き地を無償提供した。あとは看板を寄贈し、ことあるごとに応援に駆けつけている。

行政がワークショップによって住民の話し合いの場を提供する。ワークショップの場を活かして住民が話し合い、自分たちで計画をつくり、自ら規約をつくり、出資をし、自ら運営する。行政はその動きを支援する。まさに住民が立ち上がる原型モデルをなしている。

直売所の取り組みの様子を聞きに、現地を訪ねたときのことだ。当時の会長さんが、次のように話してくれた。

「直売所ができる前は、地区の人たちと話す機会がかなり少なくなっていた。農作業の行き返りに、軽トラックで行きあうと、お互いに「オッ！」といって敬礼しあいながら、別れたものだ。ところがいまは、野菜や果物の納品にきてテントの広場で、よく話をするようになった。商品が売れてお金が儲かるのもうれしいが、それよりなによりみんなと話ができるようになったのが一番うれしい」

北地区でも廃校を境に、コミュニケーションが少なくなり、コミュニティとしての連帯感が薄れ出していたのだろう。他の地域でも、小学校の休校、廃校が、地域のコミュニケーションがなくなる引き金になっている。地域は産業の再生よりもまずはコミュニケーションの場ができることが必要で、それが地域再生の出発点になる。そこから必然的に産業の再生に向かう。

その意味で、地域自治コミュニティの再生こそが、地域再生の要となるのである。

†地域自治コミュニティ再生の原理——革新の力

各地で地域住民と一緒にワークショップを行っていると、現在の地域コミュニティが、共通した特徴をもっていることに気づく。中山間地域には、都市圏地域と違い伝統社会が息づいており、依然として命脈を保っている。筆者が住んでいる農村部の自治区でも同様で、毎月の川掃除、春の道づくり、地域の祭りや防災訓練、夏休みの子供会の朝の体操や地区スポーツ大会

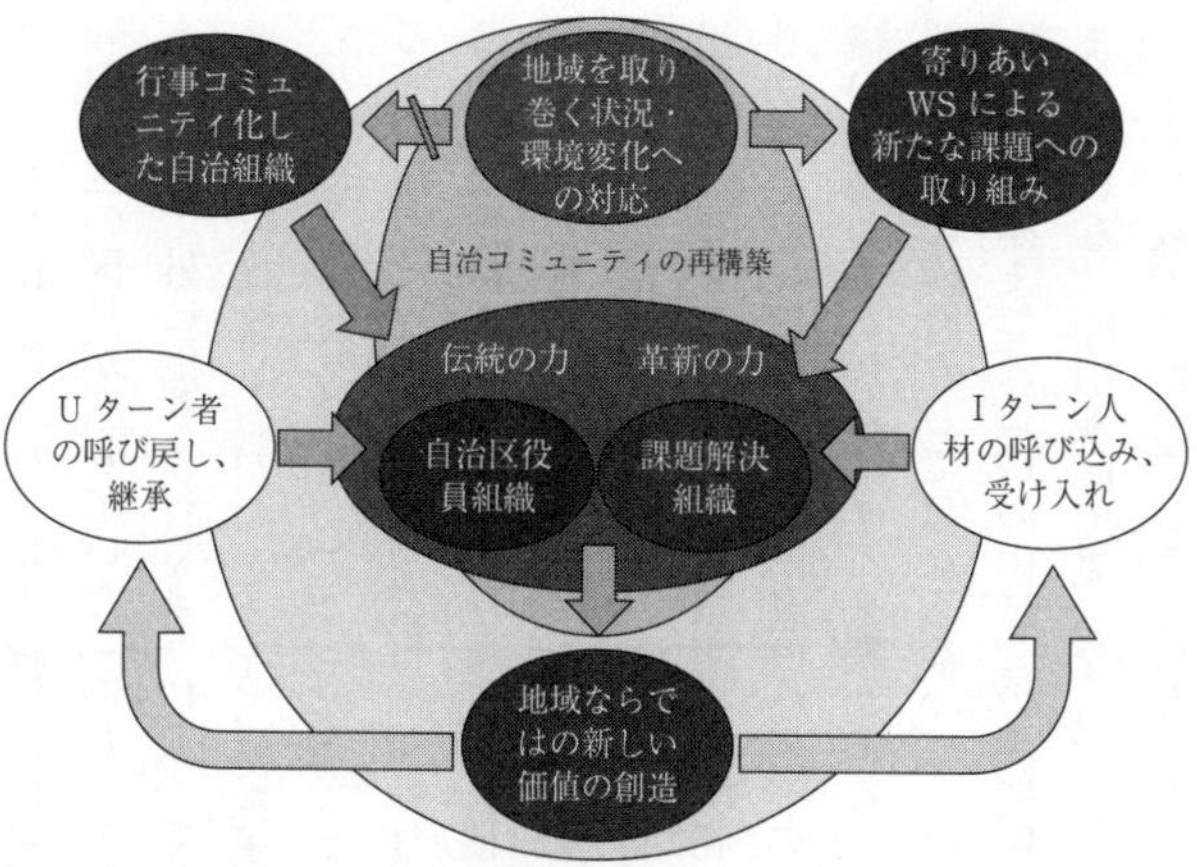

図6　地域自治コミュニティ再生の原理

の参加、秋の運動会など、伝統的な行事が執り行われている。全国各地においても同様な姿が見られる。

だが、コミュニティが維持され、伝統社会は命脈を保っているとはいえ、地区での話し合いはこれらの伝統的な行事を行うためのものであり、先に見たように、「自分たちの地域の将来をどうするのか」といった話し合いは、ほぼ皆無であるのが実態である。住民から叱られそうな表現をあえてすれば、「行事コミュニティ化した自治組織」と形容せざるを得ない状況となっている（図6参照）。

だが地域を取り巻く状況や環境は大きく変化しており、より積極的な対応が求められている。地域からの若者の流出や少子高齢化、農林業・漁業の衰退による働く場の減少、広くは経済のグローバル化に伴うローカル経済の後退、地球温暖化に伴う気候変動。このような変化の中で、畦田地区の区長が話していた「あれよあれよといっている間に〝なし崩し的に〟村の人が勤め人になって外に働きに行くようになってしまった」という状況に陥っているのである。

取り組みは難しいが、そうなった理由は簡単である。すなわち、地域自治コミュニティが「行事コミュニティ化」したことで、この大きな変化への対応機能を失ってしまったことにある。行事コミュニティ化した自治組織は、確かに「自治区役員組織」で「伝統の力」である。この力が維持されているがゆえに、各種の伝統的な行事が現在も命脈を保っているわけである。だが、現在の大きな変化に対応するには「伝統の力」とは別に「革新の力」が必要である。その力で自治区コミュニティの中に「自治区役員組織」と対をなす「課題解決組織」をつくり出さねばならない。この両輪が揃って初めて、自治コミュニティは再構築される。両者は両輪ではあるが、地域再生の協働の仕組みのところで述べたように、課題解決組織は自治区役員組織の承認のもとに組織する必要がある。あわせて、自治区役員組織のメンバーがそのまま課題解決組織に横滑りしてはならないことは、すでに説明した通りである。

ある時期までは地域の中にこの課題解決組織は存在したのだが、いつの間にか姿を消してしまっている。畦田地区で見るなら、「昭和三七〜三八年頃、国の指導でそれまでの稲作栽培からミカン栽培に転換することになった。このときは地域でその指導に従って栽培種目の転換を行うか行わないか、みんなでとことん話し合った。そして、集落を挙げてブラジルに移民するつもりで、みんなで決断をした」というこの「みんな」が課題解決組織だった。そして、あれよあれよという間に〝なし崩し的に〟消えていったのである。

時代の変化に対応する革新の力、すなわち「課題解決組織」を再び自治コミュニティの中に再構築しようというのが、筆者の主張である。その具体的で、実技的な手立てが、「寄りあいワークショップ」である。これにより新たな課題へ取り組もうとしている。

そこで、自治区役員組織と課題解決組織の両輪の元、後者のリードで「地域ならではの新しい価値の創造」に取り組むのである。この点も繰り返しになるが、地域が今日のように疲弊した状態にある理由は簡単で、時代の変化に対応した地域ならではの新しい価値を生み出せなくなったからだけである。

ここでいう新しい価値とは、農林水産物、製品やサービス、文化・生活様式、教育、医療、福祉、芸術、伝統など、「暮らしの産業」につながるものだろう。そこでは、それぞれの地域固有の自然、風土、歴史、文化が貴重な資源として前面に躍り出る。だから、寄りあいワークショップにおいて、「あるもの探し」が重要となるのだ。

そして、Uターン者の呼び戻し、地域の継承を図る。同時に、Iターン人材の呼び込み、受け入れを図る。そのような人の還流を導き、元気な地域社会を取り戻していく。すなわち、U

ターン、孫ターン、Iターンの還流によって、時代のニーズを呼び込み、従来から地元に暮らす人たちとの連携・協働の中から、地域ならではの新しい価値を創造していくのである。

これが地域自治コミュニティ再生の原理である。

第三章 方法

完全復活した〝かあちゃんの店〟(和歌山県新宮市三津ノ地区)

1　内発力に火をつけろ！

ここまで、地域再生をめぐる現状を分析し、再生のために必要な理論と、それを実現する寄りあいワークショップの考え方を紹介してきた。この章ではいよいよ、寄りあいワークショップの具体的な方法を紹介することにしたい。

高齢化率一〇〇パーセント近くでも立ち上がれる

危機に陥ったとき、どんな人でも本心ではこのままでいいとは思っていないはずだ。自分たちが育ち暮らしてきた地域がなくなっていいとは考えていない。ただ、切羽詰まるまで、きっかけを待っているだけなのだ。だが、もちろんそれではだめなのだ。だから、行政には、住民の内発力に火をつける役割と責任がある。

このことを教えてくれた、「寄りあいワークショップ」が形をなす基盤となった取り組みがある（詳しくは『季刊しま』一九八号、二〇〇四年掲載の筆者論考を参照）。

宮城県石巻市《いしのまきし》の離島の一つ、田代島。北上川河口から東南約一七キロの海上に位置する。周囲一一・五キロの孤立小型の離島である。

訪れたのは二〇〇三年（平成一五）一一月。平成一五年度の国土交通省委託「島づくりサポーター育成支援に関する調査」でのこと。それは、日本の多くの離島や中山間地域の現実を象徴する問題に直面した調査でもあった。住民懇談会の最初の場面でのことである。

「いまの年齢構成で考えると、五年後の目標はなく、先が見えない。いまさら何をするのか。いつお迎えが来るかわからないのに……」

調査チームから「島をどう活性化するか」という問いかけに対して返ってきた島の人たちの思いを代表する発言である。そして、半分冗談とも本気ともつかない発言が続いた。

「半分棺桶に足を突っ込んでいるのに、いまさら目を覚まさせないでくれ」

これには驚かされた。

田代島は、海の幸、山の幸、農の幸に恵まれ、一九六〇年（昭和三五）頃は一〇〇〇人を超す住民が自給自足できていた島だ。それが訪れたときは、住民基本台帳では一〇四人だが、実際は八〇人と言われていた。住民懇談会の出席者は三一人。最年少は六〇歳、最高年齢は八四歳。年代別に六〇代一二名、七〇代一五名、八〇代四名で、平均年齢は七一歳だった。この人たちが島の自治を担っている中核的な存在だということから推して、過疎化の末路を想定せざるを得ない人口構成であった。参加していない住民を含めても、高齢化率は一〇〇パーセントに近い島なのだ。まさに「再生か終焉かの岐路に立つ島」に立ち会うこととなった。

住民懇談会にあるのは「諦め感」そのものであった。だが、意見をある方法で集約してみると、住民は決して島の再生を諦めているわけではないことが浮かび上がってきた。懇談会の冒頭の発言は、極度な危機感の裏返しだったのだ。

ここで用いた「ある方法」とは、筆者が質的統合法と呼ぶものである。これは、川喜田二郎氏から筆者が二〇年間直接教えを受けたKJ法に準拠し、その後二〇数年間の実践と研究により筆者が進化させた質的データの統合法と研究法である。寄りあいワークショップの手法は、その応用である。

その後、石巻市から、調査結果のフィードバックとその後の活動への支援要請がきた。そこで翌二〇〇四年の三月に、第二回目の住民懇談会を開催。第一回の意見集約の内容を図にしてフィードバックし、どこが最も重要な問題なのかを評価した。

住民懇談会を通して、住民から次のような発言が生まれた。

「島から出て行った人も何もかも捨てていったわけではない。田代島出身者の島外の人に集まってもらい、話を聞いてもよいのではないか。そのような会をもつとよいと思う」（田代島離島振興委員長、田代島での若手）

「毎月一回『田代島ふるさと便り』（田代島簡易郵便局発行）を発行。現在八五号を迎えているが、一〇〇部発行しており、読者は田代島への思いが強い。次号の半分のページを割いて、今回の内容を伝えたい」（田代島簡易郵便局長）

意見交換の中で注目すべきは、懇談会の最後に、区長が次のような発言をしたことである。

「田代島から出て行った多くの人は、田代島に関心をもっている。そこで、出て行った人に集まってもらい、〝田代島の将来〟について話を聞いてみたいと思っている。それがいまの私の心積もりだ」

住民懇談会を踏まえ、住民の当事者の代表として、このように結論の着地点を表明したのだ。すなわち、住民の人々の「内発力」に点火した瞬間である。

三月の懇談会開催から約一カ月後のこと。簡易郵便局長から、日本離島センター（国土交通省からの調査受託機関）の調査チームに一報が入った。

「次はいつ来てくれるのかね。実は二回目の会合のとき、会議室の後方の席の人から説明の声が聞こえないと、苦情が出たんだ。年をとって耳が遠くなっている人が多いからね。そこで、二五万円をかけてマイクの装置を設置して、みんなで待っているんだ。この前の続きを早く進めてほしい」

自治会の身銭を切ってもやろうという動きは、「地域再生」の第一歩の証である。表現は悪いが、棺桶の片足を戻し、もう一度地域を元気にしようと、田代島の人たちはあの世行き一歩手前で戻ってきたのである。高齢化率一〇〇パーセントに近い島の住民が立ち上がったのだ。

寄りあいワークショップには、このように内発力に火をつける力がある。

もちろんその後の取り組みは一筋縄ではいかなかったが、寄りあいワークショップは大きな力を発揮して、二年半にわたり七回の住民懇談会を重ね、田代島を再生軌道に乗せている。そしてさらに、寄りあいワークショップはもっと本質的な意味において内発力を培っている。この田代島再生物語の続きは第四章で紹介したい。

†日本人の原動力は「みんなの思いは同じという安心感」

地域社会において、人々が立ち上がる原動力になるものは何か。そのような関心から、寄りあいワークショップを振り返ってみると、重要なことに気づかされる。

寄りあいワークショップでは、住民がお互いに意見交換した後に付箋紙（ポストイット）に意見を書き、模造紙上に貼ってマジックなどを使って図を描く。年配の男性の中には「マジックや紙を使って小学生や中学生のような子どもじみたことをして何になるのか」といった声をもらす人もときどき現れる。そして、みんなが意見交換する場を横目に、冷ややかに眺めている。

次の段階で、出された意見の全体像のどこが最も重要なのかという重みづけの評価を行う場面が来る。するといっぺんに態度が変わる。勝手に決められたら困るというかのような表情を見せ、一番前に出て意見の図を見ながら、投票に加わるのだ。このようなシーンに筆者は何度も出会っている。

そして結果が出ると、このような人も含め、「やっぱり自分の思っていたことはみんなと同じだ。みんなもそうなのか」と九割がたの人が、自分はみんなと違わないのだという安心感を抱く様子がうかがわれる。中に何人かは、自分の投票とは違う結果だな、と感想をもらすが、その結果を受け入れていく様子が見られる。このような姿は、ほとんどの地域で共通に見られる。

数字を入れるということは決めることにつながるので、件の年配者も目の色を変えて投票に加わる。そして、出た結果に、多くの人が安堵感と安心感を抱く。そうすると、日本人は猛烈に、やろうとするエネルギーが湧く。

つまり、みんなも自分も思いは同じという安心感が日本人の原動力なのだろう。寄りあいワークショップには、このように日本人の原動力を導き出す機能が内在している。

このプロセスは、非常に民主的になっていることがおわかりだろう。皆がお互いに批判されることなく自分の意見を言い合うことができ、その内容をカードに誰もが書くことができる。そして全員、重要度の平等な投票権をもつことができる。しかも大半の人がみんなも自分も思いは同じだ、そんなに違わない、という結果を伴うのだ。だから、出てきた結果を誰もが受け入れやすい。

二〇一四年一月に、イギリスの西スコットランド大学において、寄りあいワークショップの基礎技術となる質的統合法（KJ法）のセミナーで指導する機会を得た。参加者は、広告・宣伝や映画、テレビ・ラジオといった仕事に携わるクリエイティブな分野の大学教員や研究者、実務家である。三分の二が女性で、グループで意見を出しあい、意見をみんなでまとめる作業を行い、重要度評価まで行った。

その結果、非常に民主的な方法だという感想をいただいた。イギリスではディベートが盛んで、子どもの頃からディベートの教育を受けているという。テーマについて、自分の賛否の立場には関係なく賛成派と反対派に分かれ、議論が戦わされる。だがその結果、自分の望まない方向での結論が出ることも多々あるそうだ。これには辟易としているという人たちが、そのような意味からも質的統合法（KJ法）、ひいては寄りあいワークショップは民主的な方法だというのである。

欧米ではディベートに代表されるように、他者と意見が違うことが尊ばれると聞く。日本の大手企業でもロジカルシンキングやディベートが尊いとされ、中には頭の中までが欧米ナイズされてしまっているかのような人に出会うことがある。だがこのような考えを地域へと持ち込むと、かえって住民の立ち上がる意欲をそぐことになるだろう。

日本人は、みんなの思いは同じという安心感が原動力と書いたが、欧米人も本音ではみんなと同じという安心感を得たいのかもしれない。寄りあいワークショップは、この安心感をもたらすことで地域再生の原動力を導き出す。そういう手ごたえを筆者は実践を通して得ている。

2　寄りあいワークショップの原理

†問題の解と合意の創造

では、実際の寄りあいワークショップの原理を見ていこう。

第二章で寄りあいワークショップの流れを「じゃんけん方式」として説明したが、それを思い起こしていただきながら、図7を参照されたい。

寄りあいワークショップは、機能的に二つの側面をもっている。「問題の「解」の創造」と「問題の「合意」の創造」である。

「問題の「解」の創造」から見ていこう。寄りあいワークショップのステップをおさらい的に説明すると、次のようになる。

組織の連帯感の再生 ⇒ 実践共同体の再創造

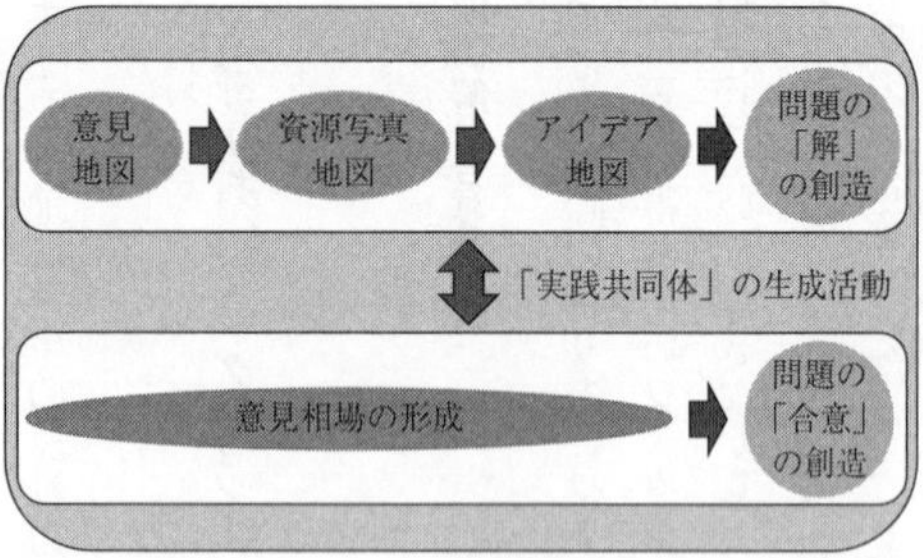

図7　寄りあいワークショップの機能構造

第一ステップは、「じゃんけんの準備」の段階である。住民が意見交換したのち、思いや意見をカードにして出しあう。そして、全員で意見の全体像を図として描き出す。これを「意見地図」と呼ぶ。地理的な意味での地図に見立てて、それぞれの意見の関係を配慮して図に配置するため、こう呼んでいる。

第二ステップは、住民自身が地元の資源や改善点を求めて写真取材する。シーンを写真に切り取るところから、「チョキ」の段階と呼ぶ。

第三ステップは、切り取ってきた各断片の写真をもとに、ジグソーパズルのように組み立てて地域の実態を把握。「資源写真地図」と呼ぶが、実態を掌握するところから、握るという文字を用いるので、「グー」の段階と呼ぶ。

第四ステップは、じゃんけん準備で把握した課題を解決するために、チョキとグーの段階を経て掌握した資源や改善点をもとに、解決のアイデアをイラストにして持ち寄り、

「アイデア地図」を作成する。大いにアイデアを広げようということから「パー」の段階と呼ぶ。

このような「意見地図」⇒「資源写真地図」⇒「アイデア地図」の流れは、住民が抱える問題の「解」を創造する側面となる。

もう一つの側面は、「問題の「合意」の創造」である。

第一ステップの意見地図で、どの内容が最も重要なのか、住民自ら重要度評価を行う。さらに、第四ステップのアイデア地図では、どのアイデア項目から優先的に取り組んでいくのか、取り組みの優先度評価を行う。その結果、「意見相場の形成」がなされる。

相場とは、経済用語である。たとえば株式なら、相場が見えれば利潤を求めて売買を決める。すなわち、相場が見えれば、行動の方向に前進するのだ。これと同じように、私たちは意見の相場が見えれば、その方向に行動が促進される。世論が見えるようになり、合意が促進されることとなる。このように「意見相場の形成」は、問題の「合意」を創造する側面をなすのである。

企業組織では、合意の創造が甘くても解が適切であれば、トップの号令で問題解決は可能である。しかし地域においては、どんなに解が適切であっても、住民の合意が得られなければ問題は解決に至らない。この両側面がセットになって、初めて正解となる。もちろん、どんなに合意が得られても解が適切でなければ、成果はあがらない。その意味でも、両者が揃うことが不可欠なのである。

寄りあいワークショップは、この「問題の「解」の創造」と「問題の「合意」の創造」二つの側面を兼ね備えているからこそ、地域での合意形成を促進できるのである。この二つがセットになって、地域共同体の再生、創造を導くことになる。このように、「問題の解と合意の創造」が対になっていることが、内発的な地域再生を導く寄りあいワークショップの第一の原理である。

なお、企業組織でも長期的には合意形成を図っていかないと、従業員のやりがいややる気をそぐことにつながり、組織の問題解決力が低下することは否めないだろう。

†連帯感の醸成

内発的な地域再生を導く寄りあいワークショップの第二の原理は、「連帯感の醸成」の仕組みである。これはワークショップ（WS）を体験した住民の感想に表れている。

地域でワークショップを行う場合は、終了時に、住民に感想を書いてもらう。あらかじめ質問項目は用意せず、参加して感じたり思ったりしたことを自由に記入してもらう。

和歌山県水土里のむら機能再生支援事業のケースを見てみよう。一〇地区で開催された初年

順位	第1回WS		第2回WS		第3回WS	
1	WSの前進に期待	74%	地元認識の深まり感	75%	実現の段取り段階へのステップアップを（皆の参加・協力へ：15%）	51%
2	理想と地域の現実のギャップに悩み	17%	参加・協働の組織力への期待	14%	地域づくりの思いと中身は見えつつある	21%
3	行政と地域の連携の仕組みの明確化	5％	自己成長感	5％	後世に継承できる地域の元気づくり	17%
4	地域事情対応型WS	3％	WSの徒労感	2％	WS方式路線に手応え	8％
5	内内・内外の連携の重要性の自覚	1％	作業の疲労感	2％	皆と未来を思いやる心の必要性の自覚	2％
6			身を託せる進め方を！	2％	楽しかったWS	1％

表1　寄りあいワークショップ感想意見数分布表

度の全参加者の感想を三回のワークショップ別に、質的統合法（KJ法）でまとめ、集約された大項目単位に個々の感想数が全体に占める比率を割り出して表にまとめた（表1）。

第一回の第一位は、「ワークショップの前進に期待」が七四パーセントと、圧倒的な比率を占めた。第一回は、住民にワークショップに関心をもってもらう狙いもあるので、狙い通りの感想となっている。ここでの注目点は、網のかかっている部分の「内内・内外の連携の重要性の自覚」で、一パーセントと最下位にある。

第二回の第一位は「地元認識の深まり感」で、七五パーセントとここでもダントツの比率を占めている。第二回は、住民が地元の資源や改善点の写真を撮影して持ち寄り、写真分析によって自分たちの地域の再発見や確認する。その意味で地元認識の深まり感を示す感想が出ることは、ここでも狙い通りである。注目すべきは表1の網のかかっている部分の「参加・協働の組織力への期待」が一四パーセントと、第一回の「内内・内外の連携の重要性の自覚」で、共通する内容が第一位に浮上している点である。

第三回の第一位は、「実現の段取り段階へのステップアップを」で五一パーセント。第二位が「地域づくりの思いと中身は見えつつある」で二一パーセント。両者の内容は住民が実行へ意識を向け出していることを物語っており、両者の合計が七二パーセントにのぼる。第三回は実行に向けたアイデア地図を作成し、実行の優先度評価を行った。加えて、実行計画まで作成しているので、住民の意識が実行へ向き出したという点では、やはり狙い通りである。

第一位のところに網がかかっているが、この中では「皆の参加・協力へ」が一五パーセントの比率を占めている。第二回ワークショップの「参加・協働の組織力への期待」の内容と共通する内容で、わずかだが一ポイント上昇している。

第一回から三回までの網のかかった部分は、「内内・内外の連携の重要性の自覚」といい、「参加・協働の組織力への期待」といい、そして「皆の参加・協力へ」も、いずれにも住民の間での「連帯感」の自覚が見られると解釈できる。すなわち、寄りあいワークショップによって住民が連帯感を改めて自覚し出したと言える。逆に言うなら、ワークショップは住民の間に連帯感を、回を追うごとに醸成していると見ることができる。

このように、寄りあいワークショップは「連帯感の醸成」の仕組みを内在させているのである。

†見える化チームマネージメント

内発的な地域再生を導く寄りあいワークショップの原理の第三は、プロセスの「見える化」を可能にする仕組みになっていることにある。これはどういうことだろうか。

かつて日本社会では、阿吽《あうん》の呼吸が伝統的に当たり前となっていた。だがいまでは通用しなくなったと言われて久しい。地域社会でも、住民間のコミュニケーションの機会が少なくなり、コミュニティが弱体化してきている。地域を継承してほしい若い世代は、学業が忙しく、加えてスポーツ競技や習い事が盛んになり、なんらかのクラブや塾に所属しているため、土日も時間がそちらにさかれ、地域の行事には参加しなくなっている。

一方では、農村地帯であったところに新興住宅ができ、農業者の勤め人化が進み、混住地域化が進んでいる。このような地域社会での生活が変化する中で、個々人の価値観が多様化し、相互に理解することが難しくなりつつある。

他方、都市地域でも、農村地帯以上に様々な生活スタイルの人が混在し、価値観の多様化が顕著である。

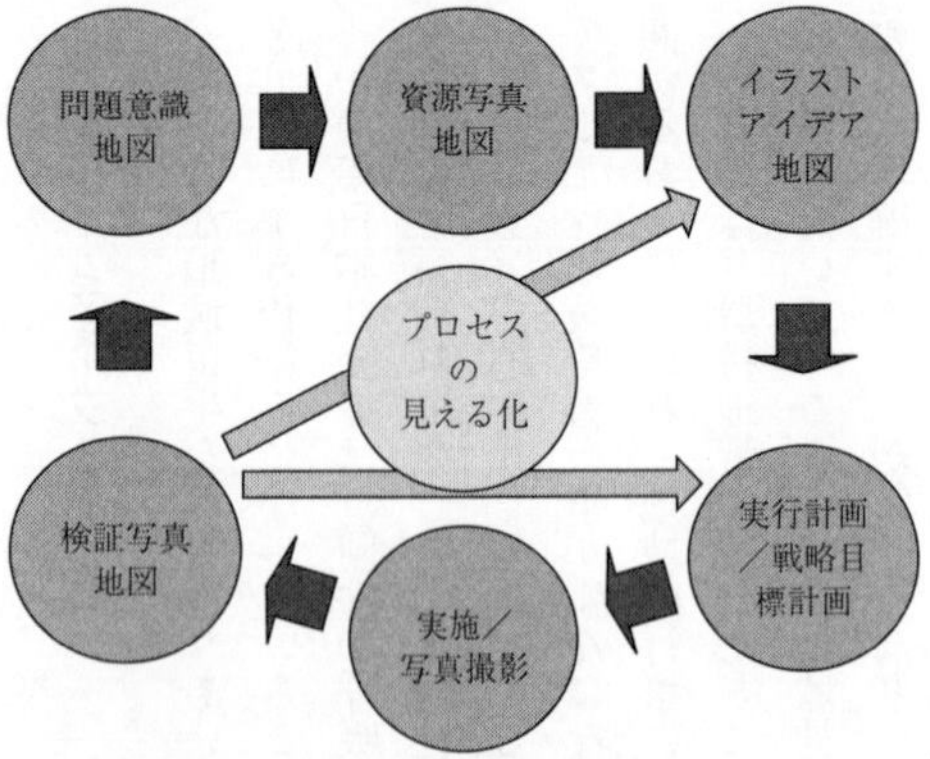

図８　参画によるプロセスの見える化と共有化

このような価値観の多様な人々を抱える地域では、単に集まって話し合いをしたからといってまとまる話もまとまらないのが実態である。

そこで必要になるのが、話し合いの内容の「見える化」である。話し合った内容が互いに見えるようになれば、誤解を少なくすることができ、かつ共有化を図ることができる。

寄りあいワークショップは、始めから終わりまで見える化を図りながら進められる（図8）。

寄りあいワークショップの流れで確認してみると、第一回ワークショップで問題や悩み、将来像などを話し合うが、その結果は「意見地図」の形で見える化され、共有される。重要度評価も点数化、順位づけされ、表示される。次いで宿題の形で写真取材をするが、どのような内容を資源と改善事項としたかが「写真映像」の形で見える化される。

第二回ワークショップでは、撮影した写真をもとに「資源写真地図」が作成され、これも見える化される。次いで宿題の形で、解決アイデアが「イメージ映像」にして見える化される。

第三回ワークショップでは、持ち寄られたイラストアイデアカードを用いて「アイデア地図」が作成され、見える化される。優先度評価も点数化、順位づけされ、表示される。続いて「実行計画」を立案するが、これも図表として見える化される。実践の経過と結果も写真取材され、それをもとに「検証写真地図」が作成され、見える化される。

このように一連の流れが、ステップごとに「見える化」されることで、関係者が意識の共有化を図れるようになる。すると、リーダーになる人はリーダーシップがとりやすくなる。地域で起こりがちなことは、「俺は聞いていない。俺は言っていない」といった声によって、みんなで決めたことが反故《ほご》にされることだ。いわばリーダーを後ろからバッサリ切りつけるわけだ。だが、見える化を図りながら進めることで、このような事態を少なくしうる。

またワークショップに参加した関係者は、重要度や優先度の評価に加わることで、実行への責任感を自覚する傾向が強い。その意味でも、リーダーはチームマネージメントを進めやすくなる。

なお、伝統的なコミュニティが息づいている地域社会では、一種阿吽の呼吸がまだ機能している側面がある。それが保守的な側面のみで機能している場合、高齢の先輩方が地域を牛耳り、若い世代の意見を取り入れない風が往々にして見られる。若いと言っても六〇代が自治区の役員を担う世代なのだ。実はこういう地域が意外に多く、それが地域再生の内部での壁になっていることも否めない。

このような壁を壊すためにも、寄りあいワークショップで話し合いの見える化を図ることで、地域の中に近代的なマネージメント思考が展開できるようにしていくことが重要だ。「問題の解と合意の創造」が対になっていること、「連帯感の醸成」の仕組みを保有していること、プロセスの「見える化」を可能にする仕組みになっていること――以上三つの原理によって、寄りあいワークショップは住民の内発的な力を誘発できるのである。

3 寄りあいワークショップの進め方

†地域再生起動ステップガイド

では、いよいよ寄りあいワークショップの進め方を見ていこう。

寄りあいワークショップを導入するにあたって、筆者は「地域再生起動ステップガイド」

（表2）を用意している。じゃんけん方式と愛称をつけた寄りあいワークショップの手法を、ガイド化したものである。

地域で寄りあいワークショップを行っていく場合、現実的な制約がある。それをいかにクリアするかが問題となる。このガイドは、それをクリアする形でシステム化を図ってきた。

第一に、住民が集まって話し合いができる時間は、二時間半から最大でも三時間である。平日の夜を想定した場合、午後七時に開始して遅くも九時半、延びてしまっても一〇時が限度である。この時間枠の中で、一回の会合の内容が完結する必要がある。第一回でいうなら、問題や悩み、将来像について一渡り話し合い、意見をカードに書いてみんなで意見地図を作成する。加えて、重要度の評価まで終える必要がある。これで一回が完結する。二回目以降も同様に、その回でやるべきことを完結する必要がある。

表2でわかるように、実行に着手する内容が決まるまでの三回のワークショップいずれもが二時間半から三時間で可能なところまでシステムがつくり込まれている。その後のフォローアップワークショップの実行結果の検証の一回目、次計画の二回目も、同様に可能である。

第二は、住民が実行に着手する内容が決まるまでに集まれる回数が問題である。一回では物事は決まらないし、五回もかかると人は集まらなくなる。そのように考えると三回で一応の結論が得られることが重要となる。もちろん実行計画ができても、さらに詰めの会合は必要になるが、三回できちんと内容が固まれば、あとは住民だけで充分先に進めることができる。これも表2に示したように、三回で実行直前まで漕ぎつけられるようになっている。

第三に、地域は様々な人で成り立っている。性別、年齢、職業、考え方、そして最近では国籍など、多様性に富む。このような様々な人が一緒に話し合える方法が必要となる。寄りあいワークショップは、多様性に富む地域社会でも展開可能な方法となっている。

具体的な手立てとしては、言語だけでなく、写真やイラストを用い、図式化することで、それを可能にする。ステップガイドでわかるように、第一回のワークショップと第二回のワークショップの間に宿題の形で、カメラを用いて取材する。ハッとした事柄にシャッターを切るだけなら、誰にでも可能である。そして、第二回と第三回の間にここでも宿題の形になるが、アイデアを絵にしてもらうようにしている。これも誰でも可能である。

これまでに参加した最年少は、小学校六年生の女の子二人。山梨県南アルプス市藤田地区のワークショップにおいてである。県庁所在地の甲府市の郊外に位置する農村地帯で、近年ベッドタウン化してきていた地域である。自治体加入率が五〇パーセントを切り、地区自治会や市ではいざ災害が起こったとき対応できないという危機感から、防災をテーマに寄りあいワークショップを行った。その結果、自治会加入率がV字回復の軌道に乗った。小学校のPTAも参加したため、小学生も参加し、意見カードも書いていたのだ。

ステップ	ステップ名	所要時間	作業内容	実践結果
0	設営・提供		行政から地域に対して、地域生成に向けてワークショップの導入・開催を働きかける。	
1	事前調査	8時間	ファシリテーター側が、行政並びに住民の案内で地域を写真取材(写真撮影と聞き取り調査)し、外部の視点で地域の特徴をとりまとめる。「外から見た資源写真地図」作成。	
2	課題の明確化(第1回WS)	2.5時間	1.WSの進め方とアウトプットの活かし方を説明。 2.事例紹介。 3.「外から見た資源写真地図」を説明。 4.それを呼び水に座談（地域の良さやアイデア、課題を自由に討議）→「意見地図」を作成。 5.「意見地図」の重要ポイントの重みづけ(皆で投票・評価) 6.次回までの写真撮影の要領の説明。	住民は、「やはりそうか」と互いに思う方向が同じであることを確認、共感しあうことが多い。
3	現地調査	2～3週間	住民自らが地元を探検し、重点課題を解決し地域を元気にする角度から、もの、こと、シーンの写真取材を行う。	
4	実態把握(第2回WS)	3時間	1.各自持ち寄った写真をもとに、模造紙の上に写真分析法を用いて「資源写真地図」を作成。個々の写真からは気づかない深い理解につながる地域の姿が映し出される。 2.班ごとの「資源写真地図」を全体で発表し、より視野の広がりをもった理解を図る。 3.次回までのアイデア出しの要領の説明。	住民は、互いに地域の暮らしと歴史、文化の知識の欠落に気づき、共有化が起こる。
5	アイデア出し	2～3週間	住民自らが、「イラストアイデアカード」にイラスト（絵や図、マンガ）を用いてアイデアを描き、解説文をつける。1人5枚のイラストアイデアカードを目標。	
6	解決策・実行計画立案(第3回WS)	2.5時間	1.全員でアイデアカードの内容を紹介しあいながら、「暮らし再生メニュー地図」を描き出す。 2.「暮らし再生メニュー地図」のどの内容から優先的に取り組むかの重みづけ（皆で投票・評価）。 3.具現化の取り組みへの橋渡し。実行計画案の作成。	住民は智恵の宝庫だと判明し、メニュー実現への意欲が芽生える。
7	実行組織の立ち上げ	できる限り短期間内に	ファシリテーターの手から離れ、住民主体のもとに、行政が支援役を果たしながら、実行組織を立ち上げる。 通常は、ワークショップ参加者がメンバーの主体となり、リーダーを選任する。	
8	実践と取材	1年間程度	実行組織のもとで行政の支援を得ながら、定期的に会合を開き、計画を煮詰める。そして計画の実現に取り組む。取り組み経過と様子、結果、成果、新たな課題などを写真取材する。	
9	結果の検証（フォローアップWS1）	3時間	実践の中で撮影した写真をもとに、「検証写真地図」を作成する。それに基づき、実行計画の達成状況を検証し、次の課題を見極める。 宿題の形で、イラストアイデアカードを用いて改善アイデアを作成（実践結果の状況によって、イラストアイデアカードを用いず、進め方に創意工夫を要することが発生する）。	
10	次計画立案（フォローアップWS2）	2.5時間	ステップ6の進め方に準じる。 計画の実践を2～3年と継続するにしたがって、地域経営の視点からの取り組みが必要となる。	

表2　地域再生起動ステップガイド

中学生の例では、山梨県立大学との連携で取り組んだ、丹波山村の丹波中学校の総合学習がある。地域再生起動ステップガイドをもとに年間授業に沿ってカリキュラム設計し、担当教員との連携で取り組んだ。年度末には、父兄とともに役場の職員、教育長、町議会前議長らの前で生徒が検討結果を報告した。教育長と町議会前議長からは、ぜひ役場に提言してほしいというコメントがなされた。学校としても、生徒の実行計画のいくつかは実現する方向で、その後に取り組んだ。

参加者の最高齢は、ワークショップの場では年齢を記載しない人もいるので定かではないが、記録上は八五歳の人がいる。

近年では海外の様々な国から日本に移り住む人も増えている。二〇〇四年から現在まで、国際協力事業団の発展途上国の政府機関の人々の研修でも、寄りあいワークショップ方式のプログラムで指導してきている。

参加国は、アフガニスタン、アンゴラ、イラク、インドネシア、ウズベキスタン、エチオピア、カンボジア、ガーナ、クロアチア、ケニア、コートジボワール、サモア、ザンビア、ジンバブエ、スリランカ、セントビンセント・グレナディーン諸島、タンザニア、中国、チュニジア、ドミニカ共和国、トルコ、トンガ、ネパール、パキスタン、バヌアツ、パプアニューギニア、パラオ、パラグアイ、フィリピン、ブータン、ブラジル、ブルガリア、ベトナム、ボスニア・ヘルツェゴビナ、マレーシア、ミャンマー、モザンビーク、ヨルダン、ラオス、ルワンダ、ルーマニア、といった多様な国々である。

いずれの国籍、民族でも日本人と同様にワークショップは理解されている。しかも楽しい作業だという感想が多く聞かれる。その意味で寄りあいワークショップには国境はないと言えよう。先に触れた西スコットランド大学のような欧米文化圏の人々も、同様に理解でき、受け入れることができる方法なのである。

以上のように、寄りあいワークショップは小学生から高齢者まで、また民族を問わず参加できる方法であり、現実的な制約問題をクリアした現在では、ほぼ「地域再生起動ステップガイド」として完成に近づいている。

このガイドの流れに沿って、以下では寄りあいワークショップの進め方の基本要領を解説することにしたい。寄りあいワークショップの実際の姿がイメージできるよう、第四章でも取り上げる和歌山県新宮市三津ノ地区の取り組み事例を、基本要領に並行する形で紹介しよう。

なお、運営の詳細な技術や作業要領は、実践篇として刊行済の拙著『住民・行政・NPO協働で進める 最新 地域再生マニュアル』（朝日新聞出版、二〇一〇）に詳しいので、実践にあたってはそちらをあわせて参照されたい。

†ステップ0　設営・提供

【進め方】

寄りあいワークショップに入る前段にあたるので、「ステップ0」と位置づけている。寄りあいワークショップの「設営・提供」である。

一般的に、住民から直にワークショップを行いたいという要望が上がってくることはまれである。ただ、和歌山県では取り組みの歴史があるので、その実績を聞きつけて開催希望が上がることがときとしてある。基本的には行政側から地域に働きかけてワークショップを開催する。

受け皿は、自治区（あるいは町内会）が基本となる。あるいはもう少し広い地域で自治区の連合会の場合もある。小学校区が単位となるが、平成の合併後は、旧町村単位で開催されるケースもある。県から市町村を通じて働きかける場合と市町村独自で働きかける場合の二つがある。

和歌山県の場合は、農業農村整備課が所管しているので、土地改良区や水利組合が受け皿になるケースもある。他の部門が働きかける場合、商店会や商工会、農協、漁協、あるいは個別テーマに対応した組織や団体といった受け皿もありうる。

ＮＰＯのような市民団体からの要望もあるが、この場合は必ず自治区との連携を図るように勧める。もちろん取り組むテーマによっては、ＮＰＯや市民団体だけで寄りあいワークショップを行うことも可能である。ただ地域再生という観点からは、お勧めできない。理由は、地域住民は外の知らない団体や人に対して、警戒心が強いからである。外から知らない団体が地域にやってきて「勝手なことをしている」と住民から受け取られやすい。それを閉鎖的だと批判しても始まらない。すでに述べたように、地域再生では地域住民が主人公であり、行政をはじめNPOなどは支援役に回らねばならない。

区長を窓口に、地域にとってのワークショップの意味とその成果のイメージを知らせる形で、住民に参加を呼びかけてもらう。行政の広報もその支援に回る。地域再生に向けて力を発揮してもらえそうな人材に直接的に参加を働きかけてもらうと同時に、地区全員に告知する必要がある。

伝統的な地域のしきたりでは、地域の会合には男性陣が一家を代表して参加するのが習わしとなっている。だがこれでは地域再生はおぼつかない。できるだけ男女半々の構成になるような配慮が必要だ。また高齢者層が中心になりやすいので、可能な範囲で若い世代の参加を促すことも大切である。

なお、寄りあいワークショップの設営・提供にあたって最も苦労してきた点は、地域再生を図るには住民同士が自分たちの将来について話し合い、実行に立ち上がる必要があるということの理解を得ることにあった。平たく言えば、ワークショップのような大変な作業をしてどんな成果があるのか、どんな得をするのか、わかりやすく説明することが重要なのだ。

和歌山県では一〇年の実績を、『水土里のむら機能再生支援事業――わかやまの未来へむかって〜寄り合いワークショップによる地域再生ガイドブック』（農林水産部農業農村整備課発行、二〇一五）という冊子にまとめ、発行している。このような成果を取り寄せるなどして、地域住民への広報に役立てるのも一方法だろう。

寄りあいワークショップの設営・提供にあたっては、地域住民をその気にさせることがまずもって重要である。行政職員と地域住民との日頃からのざっくばらんな人間関係、信頼関係づくりに負うところが大きい段階である。

【三津ノ地区の実践①――ワークショップを立ち上げる】

三津ノ地区は、旧熊野川町を流れる清流赤木川と一級河川である熊野川の合流部に位置する。熊野川流域では少ない平坦な水田が広がっている。半面、台風のたびに冠水しやすいという地形上の問題を抱えている。

最初の寄りあいワークショップを行った二〇〇八年当時は、地域人口は八九〇人、総戸数四二四戸、農家数三九戸であった。その後、第二弾の寄りあいワークショップが二〇一二年に開催された。ここでは、第二弾の取り組みを事例として紹介する。

二〇一五年六月に現地を訪ね、第一弾と第二弾の二回の寄りあいワークショップの開催に至った経緯を、三津ノ地域活性化協議会の会長に改めてうかがった。第一弾のワークショップが終了した後、これで役割は終わったと思ったという。つまり、行政からの働きかけに対してお付き合いで開催したということになる。行政が働きかけて寄りあいワークショップを地域に導入していく難しさを改めて感じる。

ところが二〇一一年九月にこの地を襲った台風一二号の紀伊半島大水害で、壊滅的な被害を受けた。生産基盤である農地は厚い土砂で埋まり、田植機、トラクターや乾燥機など農機具は、納屋ごと家ごと水に浸かってしまった。熊野川沿いに立地していた地域産品提供施設「かあちゃんの店」は、跡形もなく流されてしまった。

二〇一二年一〇月、農機具の復旧や「かあちゃんの店」の仮設営業等に力を貸してくれた普及指導員と農地災害復旧を支援した地域づくり支援員から再びワークショップの開催を提案された。改めて第一弾の検討結果を見ることとなり、その中にすでに復旧に向けてやるべき方向が出ていることに驚かされた。そこでもう一回寄りあいワークショップを行ったら面白い、ということで第二弾の開催となった。

寄りあいワークショップの設営・提供の成否は、地域住民が地域の危機的状況を痛感できるかどうか、そのことに気づいてもらえるかどうかにかかってくる。加えて、行政職員が真に地域住民を応援しているということが、実感として伝わることが重要だと言える。

†ステップ1　事前調査

【進め方】

「ステップ1」は「事前調査」である。

寄りあいワークショップの開催が決定したら、ワークショップの運営を担当するファシリテーターと行政職員が主体となって、地域の事前調査を行う。外からの目で、地域の良さや問題点、改善点を発見することに狙いがある。調査結果は、第一回のワークショップの最初に発表し、住民の議論の呼び水とする。

地域再生は住民主体であるが、住民だけでは地域再生軌道にはなかなか乗りにくい。住民はどうしてもないもの探しをし、自分たちの地域を否定的に見てしまいやすいからである。また普段習慣的に行っていることや見慣れているものは、当たり前すぎて価値があるようには見えない。外からの目、とくに都市圏から見たら得がたい貴重な資源であり宝であるモノやコトが、地域住民にとっては当たり前なことが非常に多い。そこで、外からの目で見た地域の良さや逆に改善点を情報として提供し、住民を励ますと同時に見直すきっかけを提供する。そのための事前調査である。

事前調査に先立ち、行政から地区に関する地図と基本情報（市町村勢要覧に相当する地区勢要覧の基本データ――人口、産業、財政、教育、福祉、医療、歴史・文化、取り組み事業など）を入手し、地区の概要を把握する。

現地に入ったら、地区の代表者に一時間くらい地区の状況について事前情報として話を聞く。地区勢要覧の裏付け的な情報の補充とともに、どのような問題、課題を抱えているのか、将来どのような地域にしていこうとしているかを聞く。それを踏まえて、取材したい箇所を見定め、そこを案内してもらう。あわせて、地区の側から見てほしい箇所も案内してもらう。

現地取材は、二時間程度を目安にする。町村合併によって対象地域が旧村の広い範囲を対象とすることもあり、その場合は丸一日現地取材に充てることも必要となる。

地区代表者の案内で、話を聞きつつ写真取材する。必要に応じ、民家や事業者、学校、神社や寺などを訪ね、話を聞き、それを媒介にさらに取材範囲を広げたりもする。

聞いた話や観察して気づいたことは、メモにして写真とともに記録に残す。

現地取材後すぐに写真をプリントアウトする。撮影する写真の枚数は、一五〇〜二〇〇枚くらいになることが多い。印刷に約一時間を要することもある。

印刷した写真を用いて写真分析をし、模造紙上に「外の目から見た資源写真地図」を作成する（写真1）。撮影した写真は枚数が多いので、その中から地域の特徴がよくわかる二五〜三〇

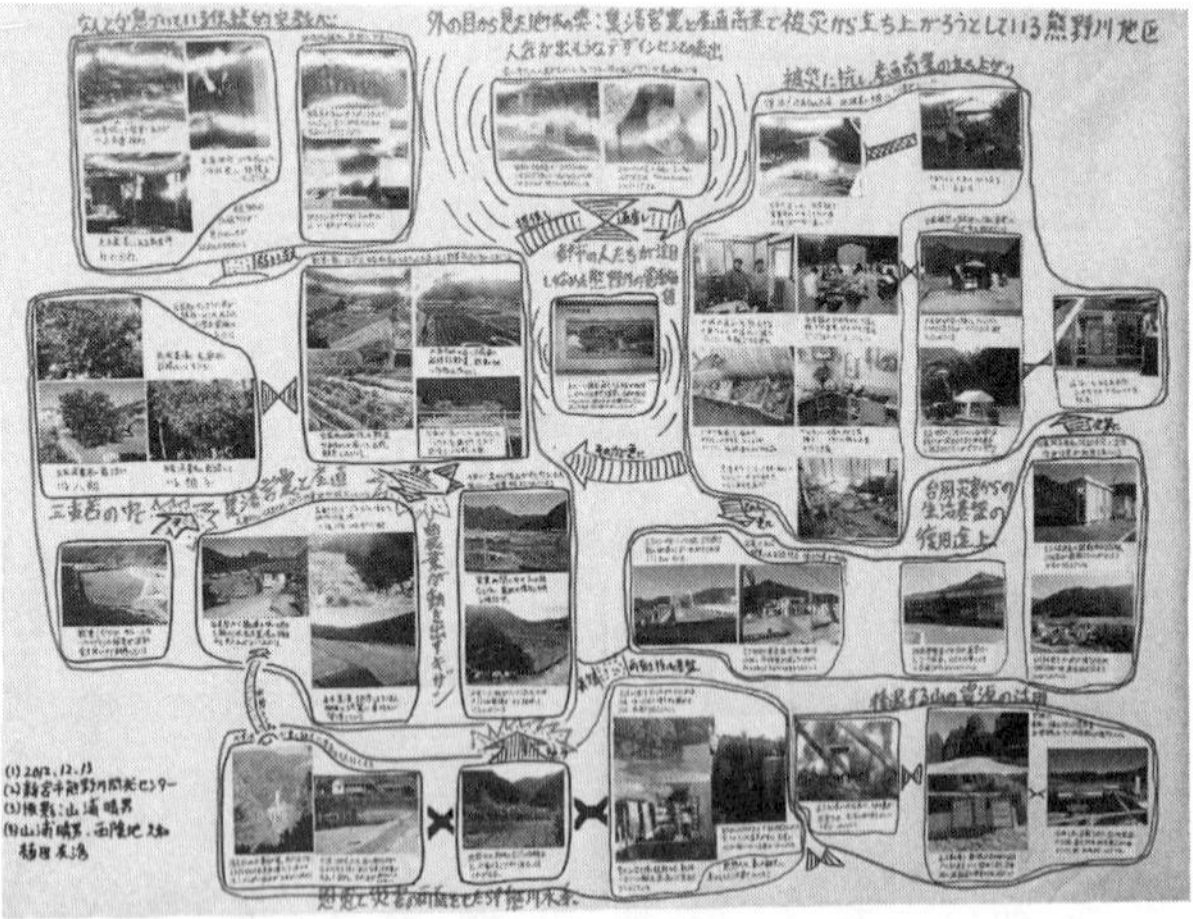

写真１　外の目から見た資源写真地図（三津ノ地区）

枚前後を選び出し、それを用いて写真分析によって地域の姿を浮かび上がらせる。選ばれなかった残りの写真は、写真データリストの形で、模造紙に一覧できるように貼って図とする（写真２）。写真の選び出しと分析に四〜五時間くらいを要する。

現地取材と写真分析は、第一回ワークショップの昼間に行い、夜の会合に備える。

ここまでが事前調査となる。

【写真分析による「見える化」の原理と作業イメージ】

寄りあいワークショップの重要な特徴は、検討結果の過程が見える化できることにあると述べた。どのような原理と方法で行うのか、その作業イメージを簡単に紹介しよう。

たとえば、次のようなジグソーパズルの組

写真２　写真データリスト（三津ノ地区）

み立て競争を想像してみてほしい。Ａさんが、自分のお気に入りの絵柄のジグソーパズルを使って、もとの絵柄を知らないＢさんに組み立て競争をもちかける。Ｂさんにとっては実は不利な状況であるが、Ｃさんを審判にして「よーい、ドン」でスタートしたとき、二人の作業のプロセスはどうなるだろうか。

Ｃさんにとっては、どちらも似通った作業をしているように見えるだろう。ただ、少なくともＡさんのほうが組み立てのスピードが速いことが予想される。それでは、目の前のジグソーパズルの断片の山は、二人にはどのように映るのだろうか。Ａさんにとっては「気に入った絵柄のバラバラな断片群」、Ｂさんにとっては「脈絡のないバラバラな断片」に見えているはずである。

	組み立てる素材	Cさんからみた姿	頭のなかのプロセス	競争で得られた結果	組み立てられた結果
Aさん	気に入った絵柄のバラバラな断片	組み立てるのが速い	復元	勝利	復元図
Bさん	脈絡のないバラバラな断片	組み立てるのが遅い	仮構築	発見	整合性のある論理構造図

表3　ジグソーパズル競争モデル

重要なのは作業する二人の頭の中がどうなっているかだ。仕上がりのイメージを知っているAさんの頭の中にあるのは「復元」のプロセスである。ところが、もともとの絵を知らないBさんには復元のしようがない。そのため頭の中にあるのは、試行錯誤による「仮構築」のプロセスとなる。Bさんは、勝負には負けるだろうが、最終的に「なるほどこういう絵なのか」という「発見」を得ることができる（表3）。

写真分析法は、技術的に見てこのBさんの作業に相当する。Bさんにとって完成したジグソーパズルは、最初に目にした「脈絡のないバラバラな断片群」が、すべて辻褄が合う形で浮かび上がる全体像にほかならない。写真分析は、バラバラのデータから「仮構築」のプロセスを経て、「整合性のある論理構造」を見出す作業なのである。

なお、次のステップ2の「意見地図」、ステップ6の「アイデア地図」も同様の原理で見える化を図る方法である。

【三津ノ地区の実践②――ファシリテーターが地区の姿を把握する】

ファシリテーターが事前現地取材で撮影した写真を用いて把握した現

地の姿は「資源写真地図」と呼んでいる（写真1）。これが第一回ワークショップの冒頭で、住民参加者に知らせた内容である。和歌山県三津ノ地区のケースを見てみよう。

三津ノ地区は山と川を地理的基盤としている地域である。歴史的には林業が盛んであったが、山の資源の活用は後退している姿が資源写真地図で映し出された。川の地理的基盤は熊野川水系で、恩恵と災害の両面をもたらしている。

二〇一一年の台風一二号は、かつてないほどの歴史的な甚大な被害をもたらした。目下、災害からの生活基盤の復旧途上である。このような被災に加え、高齢化による休耕地、耕作放棄地の拡大、獣害といった三重苦の中で、集落営農と産直農業が動き出す兆しがうかがえる。被災に抗して農産物を提供し、産直商業の立ち上がる姿が見られるのだ。具体的には熊野川産品加工組合が運営する「かあちゃんの店」が仮設だが再開されている。

かあちゃんの店や旧役場の前の塀には、人気が出そうなデザインセンスが表れている。このようなセンスと呼応する形で、都市の人たちが熊野川の資源的価値に注目し始める動きも出てきている。ここに都市との交流による熊野川町の活性化の一つの道筋がうかがえる。

また、伝統的な宗教心がなんとか息づいている姿も見られる。

写真分析に使わなかった残りの写真は、一覧表にして模造紙に貼る。「写真データリスト」（写真2）、「資源写真地図」とセットで「見える化」を図る。

写真3　みんなで意見地図を作成、見える化し、重要度を評価（三津ノ地区）

†ステップ2　課題の明確化（第一回ワークショップ）

【進め方】

「ステップ2」は、「課題の明確化」である。じゃんけん準備の場面であり、住民の声によって「意見地図」を作成するのである（写真3）。

地域再生の取り掛かりとしてのテーマは、「地域で抱えている悩みや問題、将来像は何か」という問いかけにしているが、あらかじめ特定の課題があるケースもある。たとえば、「地域防災上での悩みや問題は何か」「直売所の売り上げ向上策を検討する」といったイメージである。

ワークショップの参加者数は二四人前後のケースが多い。そこで六人一班にして、四班構成にする。

最初に行政からの趣旨説明があり、続いて区長、あるいは地区代表者の挨拶から始まる。所要時間は約五分（ここでいう所要時間はあくまで目安である。以下同様）。

次いで、第一回なので、改めてワークショップの主旨と取り組むことでどのような成果があがるのか、事例をもって紹介する。そして、その日の進め方を解説する。所要時間は約一五分。

テーマをめぐって意見交換に入るにあたっては、事前調査で作成した外の目から見た資源写真地図を掲示して、地域の資源や可能性と取り組むとよい課題について説明する。自分たちが日頃見慣れた場所やシーン、事柄が写真で示され、全体が物語として説明されるので、強い親近感をもって聞いてくれる。一般的には、短時間でよくここまで理解してくれたという信頼感にも似たものをもって受け止めてもらえる。ファシリテーターは初対面の外部者であるが、これによりその後の運営の信頼基盤を築くことができる。所要時間は約一〇分。

次いで、班ごとに意見交換に入る。班ごとに一人の住民に進行役を担ってもらう。記録は全員に自分の発言と気づいたことを、心覚え程度でよいからメモしてもらう。最も重要なのは、互いに相手の意見に対して「批判しない」という大原則を守ってもらうことである。かといって多様な意見はあったほうがよいので、異なる意見は大いに出してもらう。

意見交換の最初は、テーマをめぐって順番に発言してもらう。その後は自由に発言してもらう。できるだけ体験談を交えながら悩みや問題、将来はこうありたい、といった話をしてもらうとよい。所要時間は約三〇分。

意見交換を行ったら、各自メモを見ながらカード（ポストイットのような付箋紙を使用）に一枚に一つの意見を書き出してもらう。五〇～六〇字くらいの長さでできるだけ一文に表現してもらうとよい。現場の映像が浮かぶように記述できると、お互いに何を言いたいのかがわかる。ただし、問題の指摘は誰がしているのかが後日取りざたされがちなので、ここでのカードは、無記名方式をとる。参加人数とワークショップの全体の時間枠によるが、枚数は一人三枚くらいを目安とする。所要時間は約一五分。

書き終えたら、全体で「意見地図」を作成する。図9のステップに沿って、住民が手持ちのカードを読み上げる。ファシリテーターはそのカードを受け取って、壁面に貼り出した模造紙の上に位置づけていく。似た意見のカードはその場で読み上げてもらい、類似意見の仲間をつくりながら位置づけていく。類似意見の仲間には内容を要約するタイトルをつける。違った意見は、付箋紙で関係づけながらネット状に位置づけ、意見地図を完成させる。住民の手持ちのカードがなくなったら完成である。所要時間は約五〇分。

タイトルがついた箇所にアルファベットの記号をつける。そこを対象単位として、重要度評価を行う。最も重要だと思う箇所に、五点を投票する。次は四点、三点……一点の順で、重みづけ評価を行う。全員の投票がすんだら、集計して獲得点数を記入する。加えて、最高点を第一位にして、一〇位までを表示する。こうすると衆目の見るところ、どこが重要視されているかが浮かび上がり、課題とその重要度の共有化が図られる。所要時間は約一五分。

重要度の高い上位三位から五位くらいを重点課題として見定める。そしてこの重点課題を解

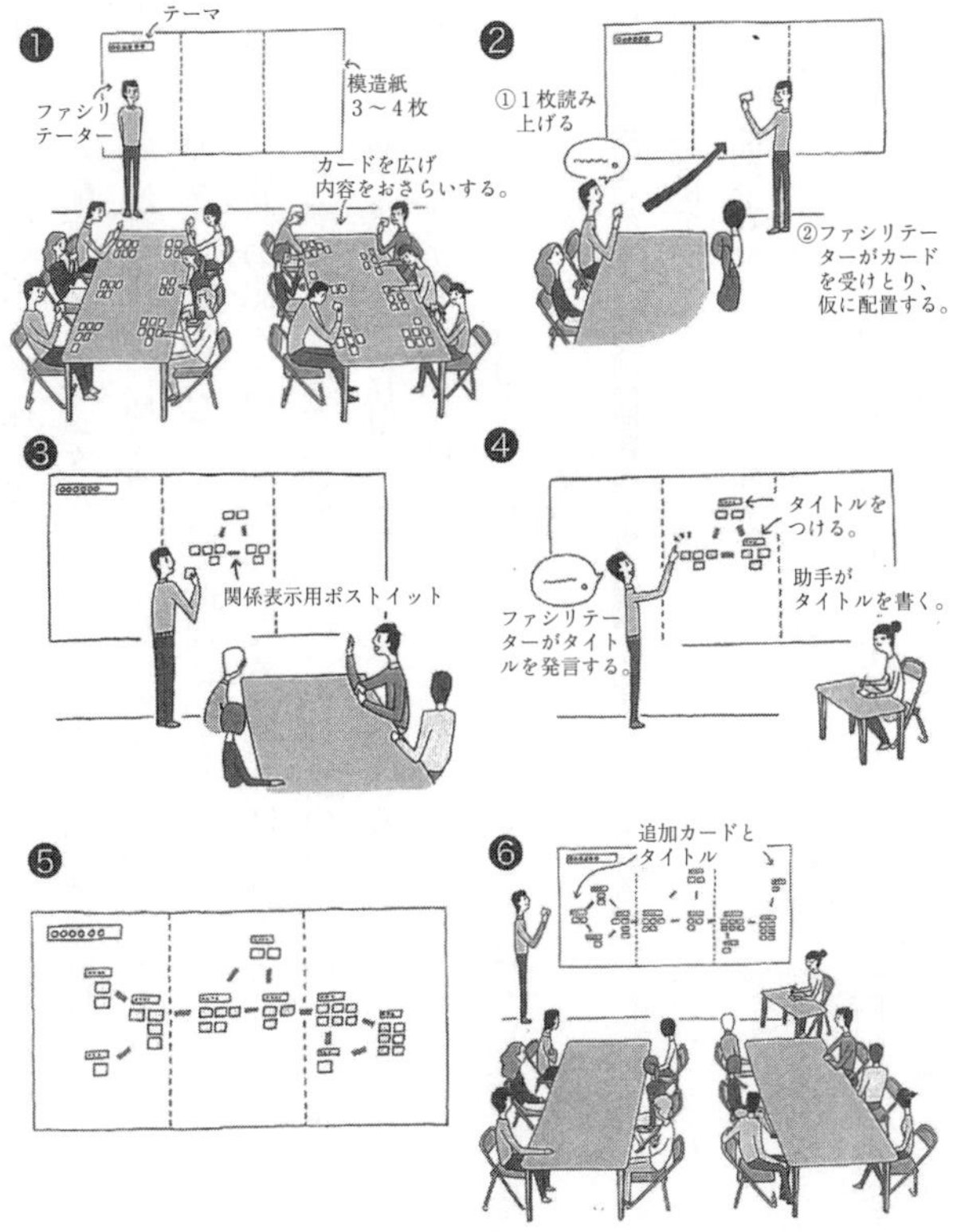

（イラスト・チブカ マミ）

図9　意見地図およびイラストアイデア地図の作成ステップ

決するために役立つ資源探しを行う。資源探しに向けて、取材要領を説明し、簡易カメラ（二七枚撮り）を配布する。デジタルカメラでもよいが、地域の現場ではメモリーの回収やプリントアウトの煩雑さから、簡易カメラを使い業者に現像してもらうことが多い。もちろんデジタルカメラでも一向に構わない。所要時間は約五分。

最後に、感想の記入と閉会の挨拶となる。所要時間は約五分。

なお、ここで作成した「意見地図」は、行政側の担当者がエクセルの図形描画機能を用いてコピー配布できるように清書する。そして、できるだけ早く参加住民にフィードバックし、次の現地取材に役立てる。あわせて、ファシリテーターが作成した「外の目から見た資源写真地図」は写真撮影し、A３サイズにプリントアウトして同様に参加住民の参考資料とする。

【三津ノ地区の実践③――住民の問題意識と重点課題を浮かび上がらせる】

三津ノ地区での第一回ワークショップは、二〇一二年一二月一三日（木）、一八名の住民が参加して開催された。男性一四人、女性四人である。

最初に、和歌山県むら機能再生支援事業の主旨を説明、三回のワークショップの進め方とそれによってもたらされる地域づくりの姿を、県外の事例と県内のむら機能再生支援事業の先進事例を交えながら紹介した。その後、二〇〇八年度に行ったワークショップでの検討内容を振り返り、説明をした。

その上で、住民の議論の呼び水として地域の外から見た資源写真地図の分析結果を紹介。それを呼び水に、三つの班に分かれて住民の意見交換に入った。地域に対する問題や悩み、願望を語ってもらい、「意見地図」を全員で作成した。その上で、最も重要な問題・課題は何かを全員で評価した。図10は、会場で作成した模造紙上の図をもとに、参加者の配布用として後日エクセルで清書したものである。

その結果は、次のようになった。

住民が重要だとしている第一位は、「後継者不足で一〇年後が心配」(三三点)である。「後継者がいない(一〇年もすると田畑をつくる人がいなくなる)」「一〇年先にはほとんどの農地が荒れている」「担い手がまったくいない」という思いが表明され、後継者問題が最重要視されている。

第二位は、「特産物の開発」(三二点)である。「地元産にこだわりたい」「特産物がほしい」「地元の加工品の掘り起こし」といった声がある。

第三位は、「洪水被害で農業が大変」(二七点)である。「洪水に至る被害が多いので安心した稲作が難しい」「台風になると洪水になり米の質が悪くなる」といった声があり、二〇一一年の一二号台風だけでなく、水害が頻繁に起こることへの悩みが表明されている。

第四位は、「被害の大きい獣害」(二四点)で、水害に加えての農業の難しさを抱えている。

第五位は、「熊野川米のブランド化」（一一点）である。「熊野川（赤木川）の水でつくった米はおいしい」と水稲への思い入れの強さが浮かび上がった。

このように農業をなんとかしたいという農業への思いの強さが、地域の特徴として現れている。二〇一一年の一二号台風の被害からの復旧作業が続いている中で、よりそのことが意識されているのだろう。

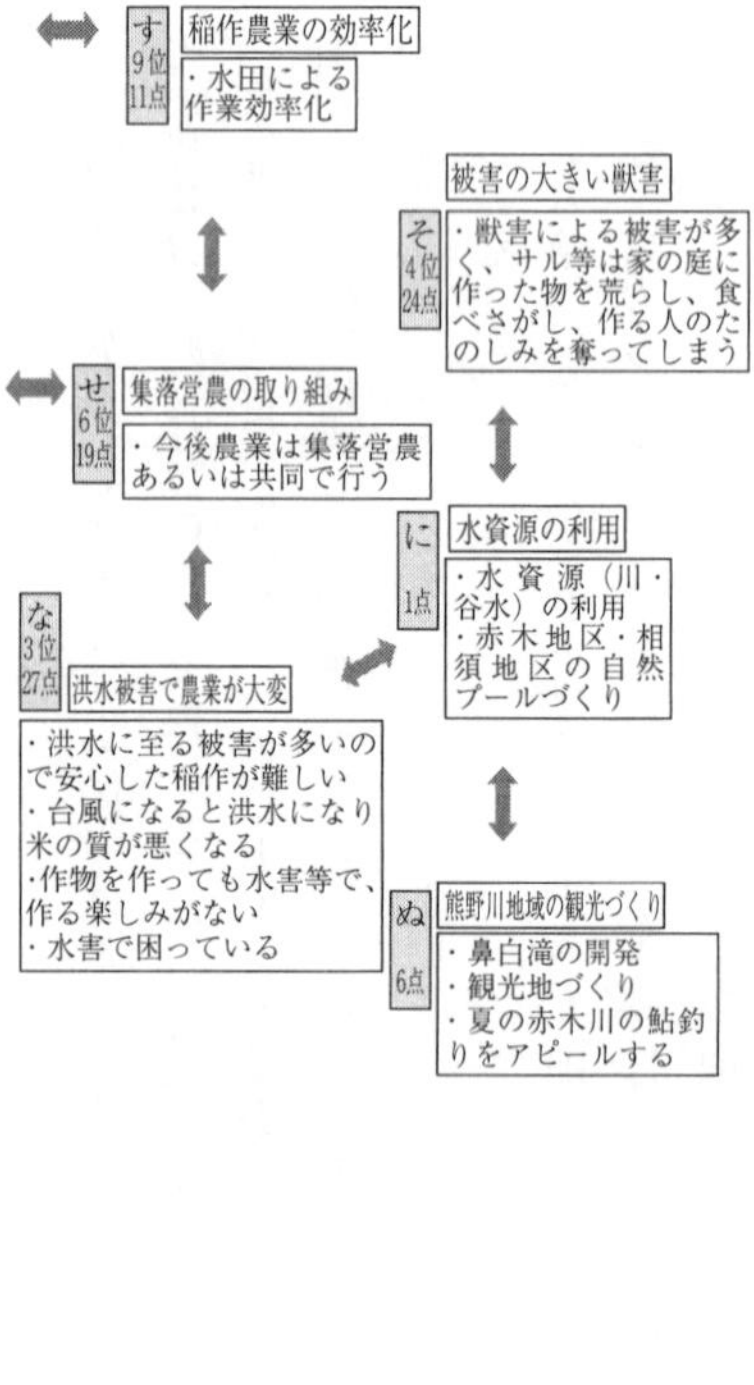

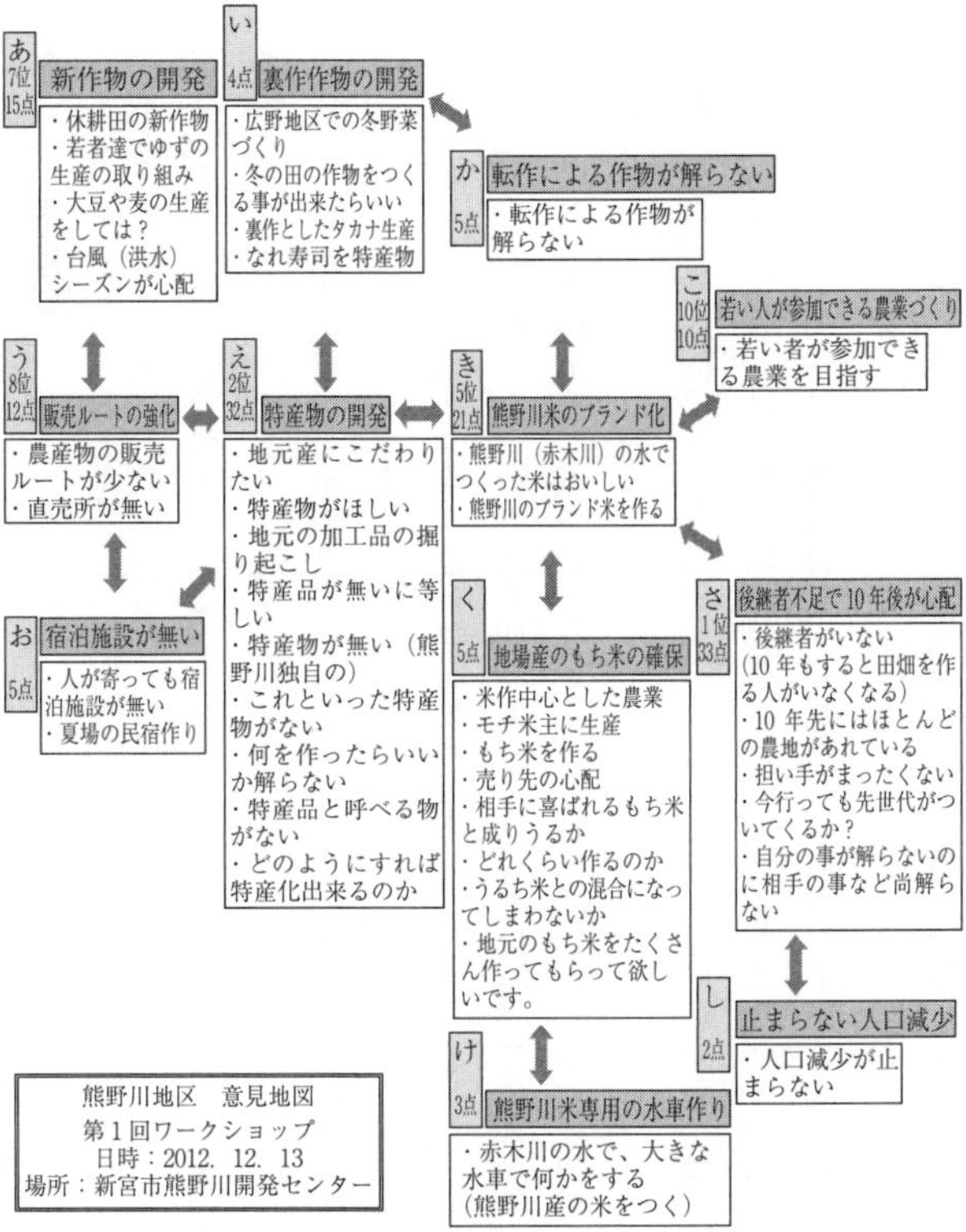

図10　三津ノ地区の意見地図（エクセル清書版）

†ステップ3　現地調査

【進め方】

「ステップ3」は、「現地調査」である。チョキの場面であり、写真撮影によって現場の断片を映像として切り取ってくる。写真取材である。

住民は、日常生活でメモを取りながら行動する場面は一般的には少ない。そのような生活の中に、取材ノートを渡して情報を集めてくるようにと言っても住民は戸惑う。そこで簡易カメラを渡すか、あるいはデジタルカメラを使ってもらう。ハッとした出来事や物事に出会ったときや発見したときに、シャッターを切ってもらうことは容易である。それゆえ、写真取材の方法をとるのだ。その上で、気づいたこともメモしてほしいと頼めば、ある程度記録もとってもらえる。

取材内容は、第一回のワークショップにおいてみんなで見定めた重点課題を解決するのに役立つ①資源や②宝物、③改善箇所や物事、④問題を感じる箇所や物事、⑤なんとなく気になる箇所や物事などである。写真取材し、必要なら、取材している内容に詳しい人に話を聞いたりもしてくるようにする。

取材は一人で行ってもよいし、家族や友人と一緒に散策しながら行ってもよい。ただし、班のメンバー全員で一緒に取材して歩くことは、どちらかというと勧めない。住民一人ひとりの問題意識や感性の違いを活かし、多角的に取材することが重要だからである。

取材期間は、二〜三週間くらいを目安とするが、実際は地域ごとの仕事の繁忙期や季節などによって適宜設定するとよい。地域の暮らしは一年サイクルで回っているので、本当は一年間取材したほうがよいことは確かだが、現実問題としては難しい。そこで、撮影できない時期の事柄などの場合は、すでに撮影してある手持ちの写真も持ち寄ってもらうようにしている。

また現場で撮れない写真はどうするかという問題がある。現場で起こった過去の出来事や、これからやろうとしたり、こんなものがここにあるとよい、といった未来の出来事や存在である。その場合は、その現場を撮影し、次のステップの写真分析の場面で写真に説明をつけるので、説明書きで過去と未来を記述するようにする。

なお、写真撮影にあたっては、個人情報保護の問題への配慮が必要である。商店等の店内を撮影するときは、撮影許可をとるなどの配慮もする。

撮影が終わった簡易カメラは、地区代表を経由して行政から業者に現像を依頼し、次の第二回のワークショップに備える。デジタルカメラでの撮影の場合は、メモリーを預かり、役場などで事前にプリントアウトして次に臨む。

写真4　内の目からみた資源写真地図の作成（三津ノ地区）

†ステップ4　実態の把握（第二回ワークショップ）

【進め方】

「ステップ4」は、「実態の把握」である。切り取ってきた断片の写真を用いて地域の実態を掌握するグーの場面である（写真4）。

ワークショップの開会に先立ち、現像した写真を撮影者本人に手渡しておく。

最初に、写真分析の進め方について解説する。そして、一六分割に折り目をつけた模造紙を班ごとに広げる。所要時間は約一〇分。

次いで図11のステップに沿って、班ごとに各自が撮影した写真をメンバーに説明しながら、全員の写真を一六分割の枠のコーナーを使って、振り分ける。類似する仲間を一六前後の山に分けると言ってもよい。標準時間は約二〇分。

その上で一六前後の山のうちの一つのコーナーの写真を取り出し、一覧できるように広げる。

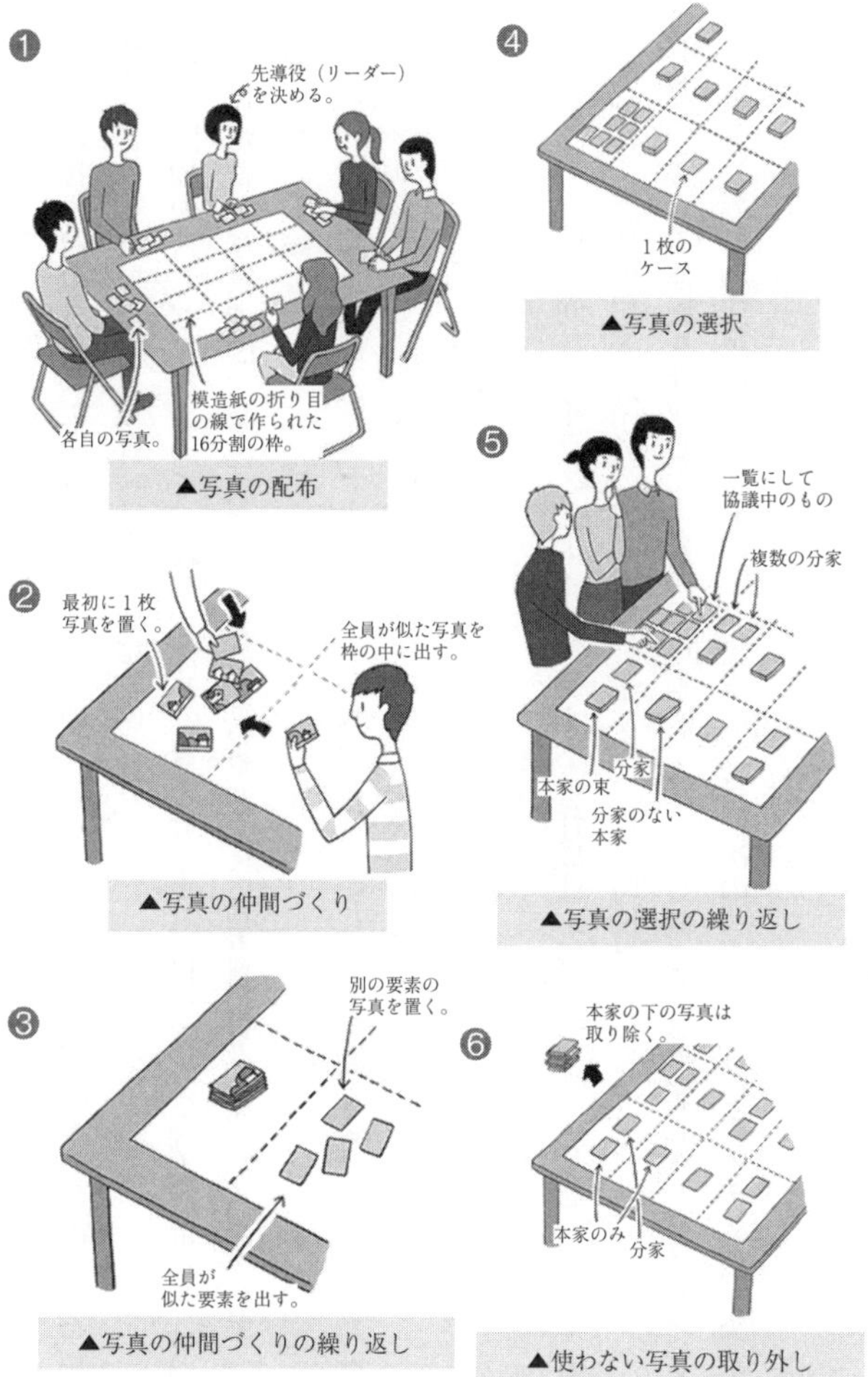

（イラスト・チブカ マミ）

図11　写真枚数の絞り込みステップ

その中から、最も典型的意味合いと映像を物語る写真一枚を選ぶ。それに加えて、他に残しておきたい特色のある写真があったら残す。このようにして一山ずつ写真を選び出し、全部で二五〜三〇枚くらいに絞り込む。標準時間は約四〇分。

次に図12のステップに沿って、絞り込んだ写真二五〜三〇枚を用いて写真分析し、「内の目から見た資源写真地図」を作成する（写真分析のやり方は、拙著前掲書九六〜一〇一頁を参照）。標準時間は約六〇分。

なお、残った写真は、写真データリストの形で、模造紙に一覧できるようにする。時間的にワークショップ内でできない場合は、行政のほうで後日作成する。

その上で、各班の資源写真地図を全体で発表し、資源把握の共有化を図る。標準時間は約一〇分。

そして、次回に向けてイラストアイデアカードの作成法を説明し、記入用紙を配布する。

最後に、感想の記入と閉会の挨拶で、終了する。標準時間は約一〇分。

なお、ここで住民が作成した「資源写真地図」は、行政側で写真撮影しA3サイズにプリントアウトして参加住民にフィードバックする。これは次のステップ5のアイデア出しの基礎資料となる。

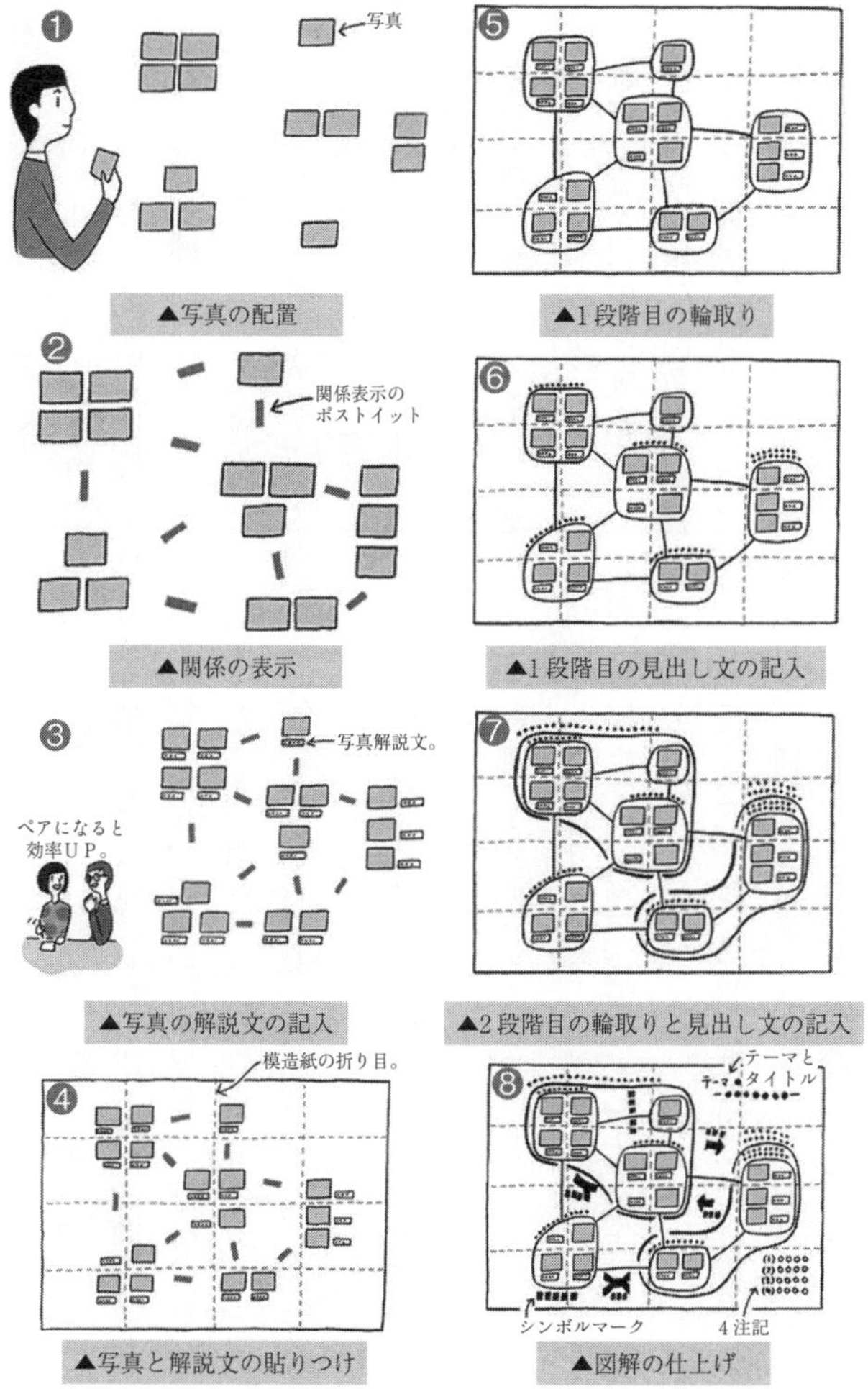

（イラスト・チブカ　マミ）

図12　写真分析作業のやり方

【三津ノ地区の実践④――地元の資源や改善点の姿を住民が把握する】

第一回ワークショップから約一カ月後の二〇一三年一月一九日(土)、第二回ワークショップを開催した。この間に住民はそれぞれが、第一回目に確認した三津ノ地区の問題や課題を踏まえ、地元資源について写真撮影によって現地、現物、現場の姿を取材し、写真を持ち寄った。第二回ワークショップの参加者は、一〇人となった。男性八人、女性二人である。二つの班に分かれて写真分析を行い、住民自ら地域の再発見の作業を行った。第二班の資源写真地図(写真5)を紹介しよう。

地域の資源としては、「林産物」「農水産物」「観光資源」「ふるさとの味」「地域のおまもり」が映し出されている。

そして農業の基盤として「農地を支える水源地」も資源として捉えられている。

一方、台風一二号の災害によって「災害により失われた施設」が映し出されている。しかしそれに対して復旧の取り組みが、「復興・復旧に架ける橋」「復旧が進む生産拠点」「災害から復興した販売拠点」の角度から捉えられている。

これらの資源や状況を踏まえ、「負けない三津ノ」として思いが描き出されている。

第一班でも「負けないゾ熊野川」と第二班と同じ基本スタンスが語られており、かつてない台風の洪水被害の逆境は、今後の地域再生の原動力になることを感じさせた(第一陣では三津ノ

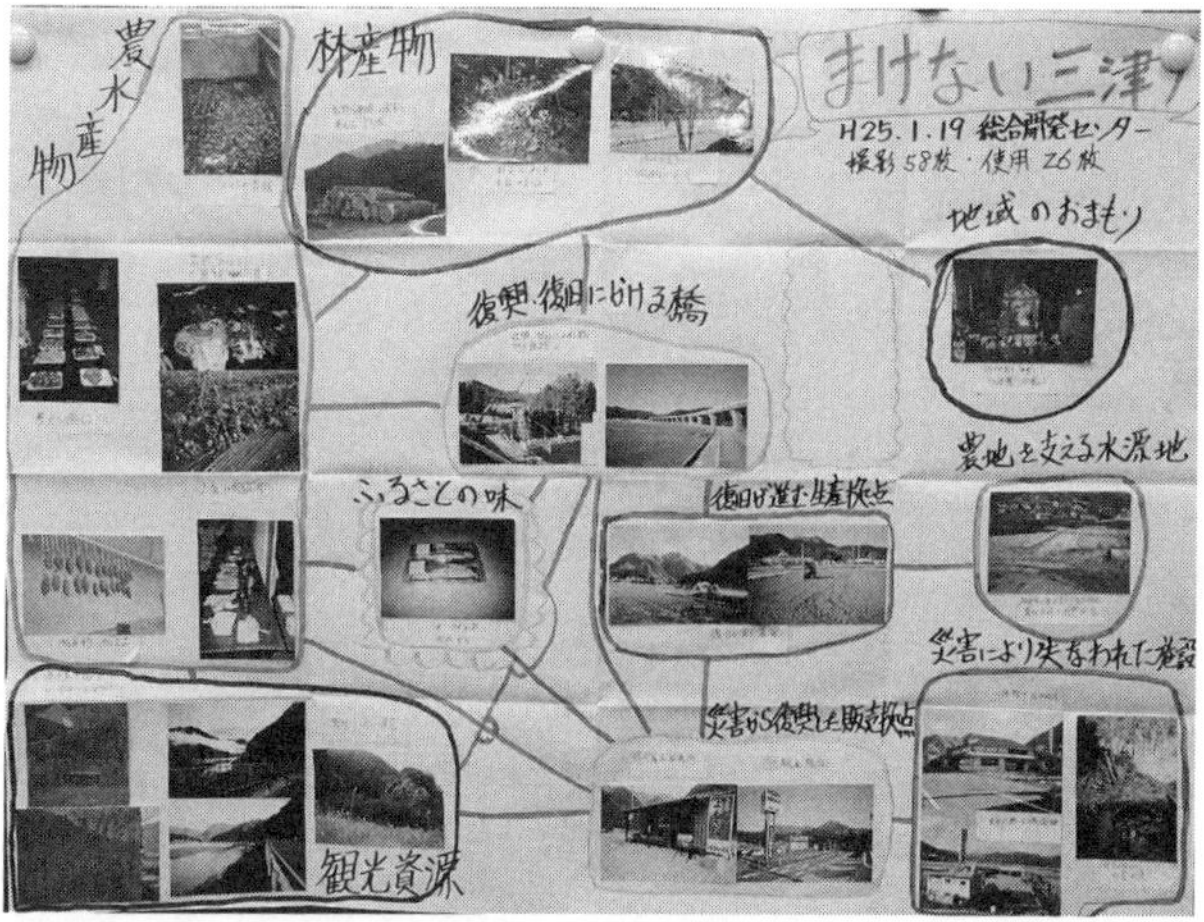

写真5　三津ノ地区第2班が作成した資源写真地図「まけない三津ノ」

地区を対象としたが、第二陣では三津ノ地区を含む広域の熊野川地区まで対象エリアを拡大している。熊野川地区は、旧熊野川町を指す）。

†ステップ5　アイデア出し

【進め方】

「ステップ5」は、「アイデア出し」である。宿題の形になるが、解決アイデアを作成する。大いにアイデアを広げようという「パーの場面」で、かつその前段となる。

把握した資源を使って、第一回ワークショップで浮かび上がらせた重点課題を解決するために何をしたらよいのか。住民自らがアイデア出しをする。資源写真地図が映像になっているので、それを発想の跳躍台にして、アイデアはイラストや漫画、絵にして表現する。

加えて、解説文、タイトル、発案者名を付記する。紙芝居のイラストアイデアカードの様式を用いる。紙芝居の絵のイメージと思っていただくとよい。紙芝居の説明文は用紙の裏側にあるが、それも表側に表記する方式をとっている（写真6）。

北海道旭川の旭山動物園は、上野動物園をもしのぐ入園者の数を獲得している。だが現在の状況を迎える前は、破産寸前まで行き詰まっていたと聞く。その当時、みんなで理想的な動物園の姿を、動物一つひとつについて絵にしていたという。いまはそれを一つひとつ実現しているそうだ。逆境の中でも絵にすることで、実現のイメージが高まり、それが実現への原動力になっていったのではないか。

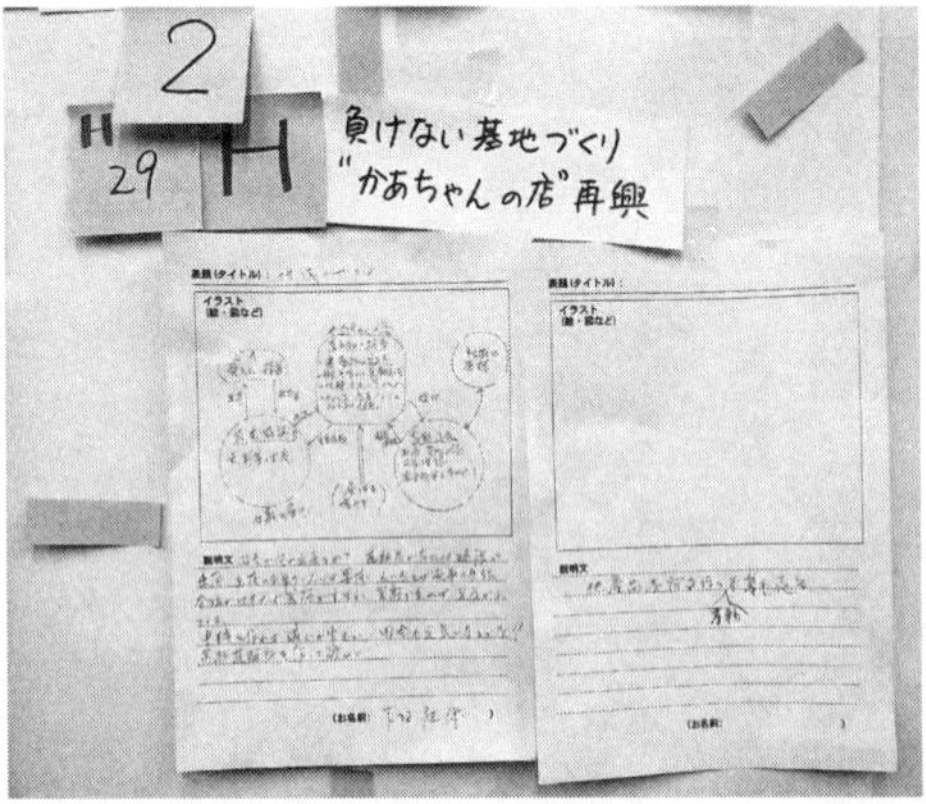

写真6　イラストアイデアカードの例（三津ノ地区）

このような事例からもわかるように、絵には実現への力が内在している。だからこそアイデアを絵にすることは重要なのだ。あわせて繰り返しになるが、資源が写真映像になっているので、絵としてのイメージが発想しやすい。さらに絵になることで、関係者が実現のイメージを共有化しやすいことも、大きなメリットである。このような理由から、イラストアイデアカードの方式を発案し、採用している。

イラストアイデアカードは、一人三〜五枚くらいを持ち寄ってもらうようにする。住民からは、「アイデアを絵にするのが大変だった。何となく嫌だった」という感想がよく聞かれる。絵にすることが恥ずかしいという思いもあるのだろう。だが、実際のカードを見ると、ほとんどがカラーのぬり絵のようで、幼少の頃に戻って案外楽しんでいるようだ。

絵が苦手な場合は、子ども世代や孫世代に手伝ってもらってもよい。むしろ家族を巻き込んでアイデア出しをしてくるほうが、アイデアの発想も広がり、実現性も高まるだろう。

アイデア出しの期間は、二〜三週間くらいを目安とするが、実際は地域ごとの仕事の繁忙期や季節などによって適宜設定するとよい。

†ステップ6　解決策・実行計画立案（第三回ワークショップ）

【進め方】

「ステップ6」は、「解決策・実行計画立案」である。パーの場面の後段になる。

持ち寄ってもらったイラストアイデアカードをもとに、全員で「アイデア地図」をつくる。方法はステップ2の意見地図をつくるときと同じである（写真7）。

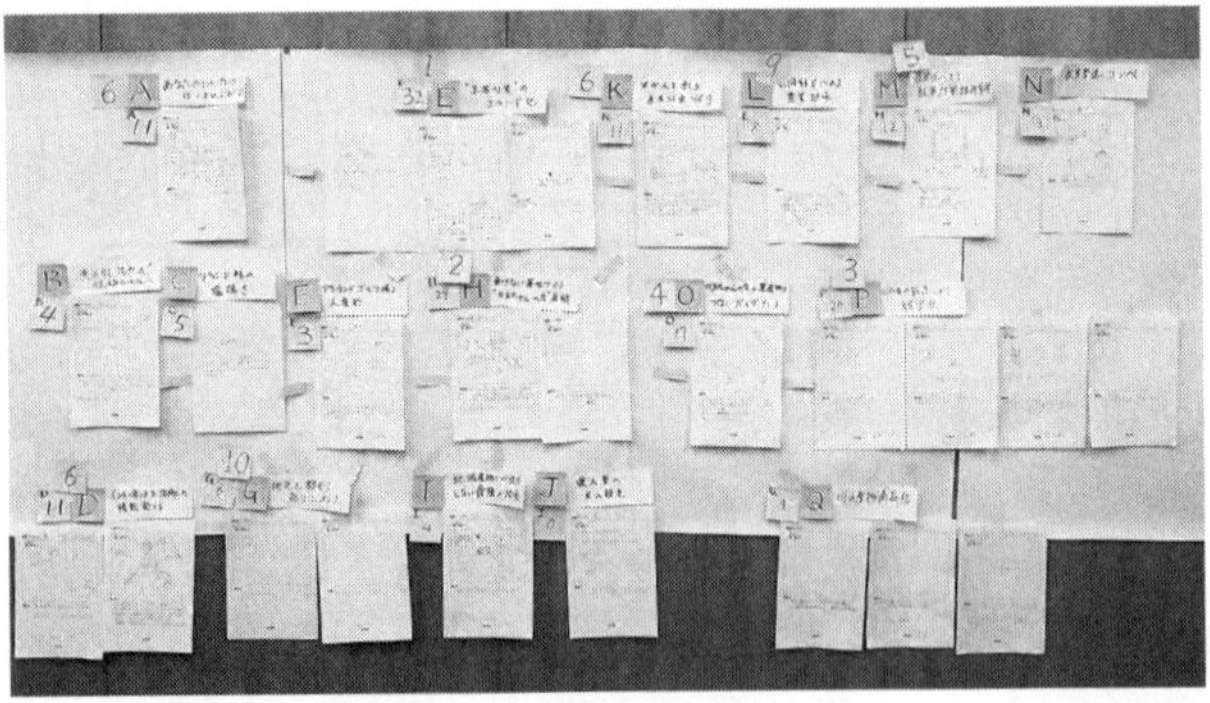

写真７　アイデア地図の作成（三津ノ地区）

最初に、アイデア地図の作成の仕方を説明し、第一回の重点課題と第二回の資源写真地図のおさらい的な確認を行う。所要時間は一〇分。

その上で、アイデア地図の作成に入る。方法は、全員で意見地図を作成するのと同じである。意見カードの代わりにイラストアイデアカードを用いる。

住民が手持ちのイラストアイデアカードを紙芝居の絵のようにみんなに見えるように掲示し、解説文を読み上げて内容説明をする。ファシリテーターはそのカードを受け取って、壁面に貼り出した模造紙の上に位置づけていく。似たアイデアのカードはその場で同様な方式で読み上げてもらい、類似アイデアの仲間をつくりながら位置づけていく。類似アイデア仲間には内容を要約するタイトルをつける。違ったアイデアは、付箋紙で関係づけながらネット状につながっていく形で位置づけ、アイデア地図を作成する。

住民の手持ちのカードがなくなったら、アイデア地図の全体をおさらい的に説明する。その上で、そこに出されていないアイデアがあるようなら、班ごとに意見交換してイラストアイデアカードを作成し、補足・追加してアイデア地図を完成する。アイデア地図作成の所要時間は約六〇分。

タイトルのついた箇所にアルファベットの記号をつけ、そこを対象単位として評価する。意見地図が重要度評価であるのに対して、ここでは実行の優先度評価を行う。評価方法は意見地図と同じ方式で、最も優先的に取り組むべきと思う箇所に、五点を投票する。次は四点、三点……一点の順で、重みづけ評価を行う。全員の投票がすんだら、集計して獲得点数を記入する。そして、最高点を第一位にして、一〇位までを表示する。こうすると衆目の見るところどこが優先視されているかが浮かび上がり、解決アイデアの優先度の共有化が図られる。所要時間は約一五分。

次に、「実行計画」を作成する。優先度の高い上位一〇位くらいを対象にする（表4）。

実行計画の内容は、すでに少し紹介したが、①難易度、②目標時期、③役割主体、④着手順位となり、必要に応じ備考の欄に注釈をつける。

①難易度は、Aランクが難しい、Bランクが普通、Cランクが易しいという基準にしている。アイデア項目が難しいのか易しいのか、普通なのかは、実行主体の実力度合いやどのような状

優先度の評価順位	アイデア項目	難易度(ABCランク)	実現目標時期(いつまでにやるか)(○印の記入) 早く(1年以内)	2〜3年以内	ゆっくり(4〜5年以内)	役割分担・主体(誰がやるか)(○印の記入) 住民	協働で	行政	着手順位	備考 着手順位点
1	“赤木川米”のブランド化	B		○		○			2	22点
2	負けない基地作り、“かあちゃんの店”再興	A	○			○	○		1	61点
3	山の幸の栽培による現金化	C		○		○			4	19点
4	かあちゃんの店と農産物をつなぐパイプづくり	C	○			○	○		2	22点
5	改良区による獣害対策維持管理	C		○		○	○		4	19点
6-1	米が人を創る赤木川米づくり	C		○		○			6	11点
6-2	あなたのしいたけ作りませんか	C		○		○	○		8	6点 山本さん
6-3	インターネットを活用した情報発信	C	○			○	○		6	11点 ちょっと行政の応援を、かあちゃんの店が拠点
9	共同経営による農業継承	B		○		○	○		9	4点 すでに5グループ結成
10	地元を都会で売りこめ！	A		○		○	○		10	3点 特に行政に力を貸してほしい

表4　三津ノ地区実行計画表

況に置かれているかによって変わってくるので、住民自らが判断しないと見えてこない。投票者の個人差もあるので、大摑みしてみんなでこのあたりなのかな、というところで見定める。

②目標時期とは、アイデア項目の実現の目標時期である。一般的な計画で行われる短期、中期、長期に倣って時期の目安を定めている。短期は一年以内、中期は二〜三年、長期は五年くらいとしている。厳密に見定めようとしても、アイデア項目の具体的な中身が詰まっていない段階なので難しい。ここでも大摑みで、このくらいの時期までにはという実現への思いと、内容の難易度からこのくらいの時間はかかるだろうという見通しの、二つの観点から見定める。

③役割主体は、地域再生においては住民と行政を想定している。取り組むテーマの内容によっては、それ以外の関係主体が出てくることが多いので、必要に応じて主体を加える。アイデア項目によって関係する主体が出てくる場合は、備考欄で補足する。

役割主体のところに○印を記入する。主体というのは、どちらが音頭をとるかという意味もある。その意味で主体を明確にしたうえで、協働が必要な場合は、協働の欄に○印を入れる。ただ、協働の欄のところだけに○印を入れると、互いに相手がやるものだと思いがちで、実行に移らないという事態が生じるので、実行主体の住民、行政いずれかには必ず印を入れる。

一位から一〇位まで一通り難易度、実現の目標時期、役割主体を見定めたうえで、④着手順位を見定める。目標時期が短期だから着手順位が上位ということもあるし、長期だから早めに着手するということもある。着手順位は総合的な判断が必要になってくるので、五点制の投票方式で、一応の目安も割り出す方法をとる。

①から④までの実行計画を、みんなで意見交換をしながら、頃合いを見計らって、意見の相場が出てきたところで見定める。あるいはなかなか意見の相場が定まりそうにない場合は、ときどき挙手によって人数が多いところで相場を見定める。

このようにして実行計画を立案する。所要時間は四〇分。

次いで、実行計画をどう実現していくかについて、組織づくりと実行の進め方を解説する。

所要時間は一五分。

最後に、感想の記入と閉会の挨拶で終了する。標準時間は約一〇分。

なお、ここで作成した「アイデア地図」は、エクセルのソフトを用いてタイトルを要素としたアイデア地図に清書する。住民が作成した生のイラストアイデアカードと実行計画表をコピーし、清書したアイデア地図とセットにして冊子にする。これを地域にフィードバックし、実行に向けた基礎資料とする。

【三津ノ地区の実践⑤――解決案を立案・共有化する】

第三回ワークショップは、二〇一三年二月八日（金）に開催された。参加者は一二人で、男性八人、女性四人と、女性が少し増えた。

第二回ワークショップの資源写真地図を踏まえ、住民が資源をいかした地域を元気にするイラストアイデアを持ち寄り、全員でアイデア地図を作成した（写真7参照）。

その上で、どこから優先的に取り組むか、実行の優先度を評価した。そして優先度の高い上位一〇項目について、難易度、いつまでにやるか、誰がやるかを検討し、それを踏まえて着手順位を見定め、「実行計画」を作成し、ワークショップの全体のまとめを行った。

優先度評価の結果は、次のようになった。

実行の優先度評価の結果を見ると、第一位「〝赤木川米〟のブランド化」（三二点）、第二位「負けない基地づくり〝かあちゃんの店〟再興」（二九点）、第三位「山の幸の栽培による現金化」（二〇点）、第四位「かあちゃんの店と農産物をつなぐパイプづくり」（一七点）、第五位「改良区による獣害対策維持管理」（一二点）となった。

実行の優先度を踏まえ、上位一〇項目を対象に「実行計画」を作成した。結果は、以下のようである（表4参照）。

実行計画では、優先度評価第二位の「負けない基地づくり〝かあちゃんの店〟再興」を着手順位一位として取り組むことになった。優先度評価第四位の「かあちゃんの店と農産物をつなぐパイプづくり」が着手順位二位となり、かあちゃんの店と農業者をつなぐ仕組みをつくっていこうという意図が明確に現れた。そして、優先度評価第一位の「〝赤木川米〟のブランド化」（着手順位第二位）と第三位の「山の幸栽培による現金化」（着手順位第四位）の実行内容で、農業者の取り組みがきちんと位置づけられた。

企画段階では、流されてしまったかあちゃんの店の仮設の取り組みと農業者の連携を導くことができればという願いがあった。しかし、そのようないわゆる「落とし所」をつくらないのが、寄り合いワークショップを進める段階での基本姿勢である。第一回、第二回では、かあちゃんの店についてはあまり顧みられず、どのような方向に進むのか見守っていたが、第三回で最初の企画段階の願いが形になって現れた。それが住民の意思であったのだろう。

このような方向でやがて必ずや地域が立ち上がって実践に踏み出すだろうと筆者は感じた。第二回ワークショップで作成した資源写真地図の中で「負けないゾ熊野川」「まけない三津ノ」との基本スタンスが語られており、かつてない台風の洪水被害の逆境は、今後の地域再生の原動力になるとも感じられた。

これからの農業地域は生産だけでは立ち上がれない。販売まで含めて農家と関係者が取り組むことが不可欠である。そのことを実行計画で見事に描き出している。

第三回の参加者の感想からは、「災害からどうなるのかと思っていましたが、熊野川の町も一歩ずつ前に進んでいるなぁと思います」といった声に象徴されるように、ワークショップが災害からの復興への心の支援となったことがうかがえる。そして、「点数が高かったのはもちろん、頑張って取り組んでいかないといけない。これからだ」「今後もチームワークで頑張っていきましょう」「これからも皆と一緒に頑張ろうと思う」「一つでも二つでも実行できるように頑張りたいと思います」「ますます頑張ります」というような声が寄せられ、今後への意欲が高まったことがうかがえる。

さらに意欲だけではなく、「回を重ねるたびに難しくなったが、多くの意見の集約が解決への糸口をつくったと思う」と、今後の見通しも確かに摑むに至った。

†ステップ7　実行組織立ち上げ

【進め方】

「ステップ7」は、「実行組織の立ち上げ」である。

この段階からは、筆者のようなファシリテーターの手から離れ、地域住民の主体のもと、行政が支援役を果たしながら、実行組織を立ち上げる。ただ、中には実行組織の立ち上げまでをファシリテーションしてほしいという要望をもらうこともある。

実行組織の立ち上げについては、第二章で少し説明したが、基本的には自治区役員組織がそのまま横滑りしないことが肝要である。ワークショップの最初のメンバー構成も同様な配慮が必要だということもすでに触れた通りである。ワークショップに加わるのがよいとした。もちろん区の役員も入っていてよいが、若手の実行力のある人や女性陣もワークショップに加わるのがよいとした。だから、実行計画までの内容の立案に携わった人が内容も理解しているので、通常はワークショップのメンバーが、当初はそのまま引き続いて実行組織の構成員となって立ち上げることになる。その上で、実行リーダーを選任する。

実行組織の構成員は、様々な形が考えられる。それこそ地域の事情は様々であり、それに応じて立ち上げるのがよい。次の第四章の事例で実際の姿を紹介するので、参考にしていただきたい。

　選任されたリーダーの下で、具体的な実施計画をどう詰めていくか。そのための、その後の会合のもち方、会合の日程を取り決める。ここまでが実行組織の立ち上げになる。

なお、必要に応じ実行組織の中に実行アイデア単位での部会がつくられるケースもある。

　この実行組織は、自治区の承認を得て実践展開することが必要になる。地域の自治の仕組みや状況によって承認の形や場は違ってくるが、これを外してはならない。そうでないと、その時点でワークショップに参加していない住民からは、自分たちの利益のために勝手なことをやっていると受け止められかねないからである。もっと積極的には、第二章で説明したように、自治区組織とこの課題解決組織（ここで言う「実行組織」）の両輪構造を再生することが、地域再生の要になるからである。

【三津ノ地区の実践⑥――住民が実行組織をつくり、行政が実行を支援する】

　実行組織の立ち上がり方は、地域の実情によって様々である。三津ノ地区では、計画の実行に向けていろいろな検討がなされた。時期を同じくして農林水産省の都市農村共生・対流総合対策交付金の公募があり、応募を決めた。地元農産物や農村・食文化を核とし、都市との交流による地域の活性化を目指した計画が採択された。二〇一三年七月、熊野川産品加工組合をはじめ区長連絡協議会、生活研究友の会、土地改良区、JA、市、県等が参加し、三津ノ地域活性化協議会を設立。「都市との交流」を中心に着手順位一位の「かあちゃんの店再興」と着手順位第二位の「かあちゃんの店と農産物をつなぐパイプづくり」を目指して取り組んだ。

市と県の支援を得て、二〇一三年度には地域産品加工施設を整備して、被災前に販売していた商品の復活と新商品開発を行っている。二〇一四年度には地域食材提供施設（農家レストラン）を建設。二〇一五年六月時点では、かあちゃんの店は被災前以上の姿で完全復活している（本章扉写真参照。店内は写真8）。

写真8　完全復活した「かあちゃんの店」店内

【三津ノ地区の実践⑦——関係者の連携・協働で実践を継続する】

実践の継続の状況は、三津ノ地域活性化協議会の会長によれば、次のようである。

かあちゃんの店は、会員五七人からなる熊野川産品加工組合が、加工品やレストラン、販売を担っている。店の運営自体は、女性九人が三人一組になって交代で行っている。本格稼働する前の仮設の店のときは、加工組合の会長がボランティアで運営していた時期もあった。こういう人がいるから今日があるという。

かあちゃんの店の取り組みには、マスコミも注目した。和歌山テレビやＮＨＫ、全国紙や農業新聞が取り上げている。店の売りの一つ、なれ寿司は、ＮＨＫの全国放送で放映されて評判を呼んだ。

かあちゃんの店の売り上げ目標は、被災前の年間一八〇〇万円だが、ゆくゆくは五〇〇〇万円を目指す。場所がいいので、可能性としては一億円の売り上げも夢ではない。そのためには、土産品の開発やイベントによる客寄せ、地元ケーブルテレビの活用なども計画し、取り組み始めているものもある。

三津ノ地域活性化協議会は二〇一五年から五年間、農林水産省の「農村集落活性化支援事業」に取り組むという。都市との交流を進める中で、農村集落をより活性化させていくためには、交流事業のような「外から」の対策と、集落間で支援しあいながら農業生産などを振興していく「内から」の対策の必要性に気づいたとのこと。地域住民が主体となり、地域の将来ビジョンを作成し、獣害対策や集出荷システムの構築など、集落間の連携を図りながら各集落に適した新規農作物の導入を推進する。生産物は加工や販売方法の工夫など、六次産業化（一七七頁参照）により所得の向上を図り、新たな雇用創出や担い手育成を図っていきたい、と会長は話す。

協議会の取り組みで非常に興味を引いた話は、新宮の若手料理人と連携して農作物の栽培を試みようとしていることだ。農家は、キュウリ、茄子、枝豆、大根、たまねぎ、白菜、トマトなどの栽培までする。収穫は料理人が畑に来て自分で野菜の旬ごとに収穫し、店で料理する。新鮮な野菜で、それ自体でおいしい。そのことに価値がある。プロの料理の手が加わることで、さらに価値が加えられる。店では月に何十万円かの野菜を使う。いまは若手だが、ある程度の年代になると新宮の料理の世界で、この方式が一般的になるのではないかという。さらにたとえば、農家としてはつくり損ねた小粒のたまねぎ。料理屋で普通のたまねぎの丸々の姿を料理として見せることはできないが、ラッキョづけにして「これがたまねぎだよ」と出せる。それ自体においしさと新しい価値があるという。何か新しい農業の姿が見えてきそうで、わくわくしながら筆者は話をうかがった。

もちろん優先度評価第一位で着手順位第二位の「〝赤木川米〟のブランド化」にも着手している。地区内の五つの農業者グループが、共同営農による米づくりを開始。「かあちゃんの店」でのお米を使ったメニューや加工品も増えた。さらに、米の付加価値を高めるために、なれ寿司に適した品種の研究といったことにも取り組もうとしている。

協議会会長は、こう語る。Iターン、Uターンに来てほしいといっても、まずはいま地域にいる人が楽しく、元気でないとだめだ。元気で頑張っている姿を見て、初めて人は来てくれる。今後も地域を元気にする取り組みに、様々なアイデアでチャレンジしていきたい、と。

三津ノ地区を含む熊野川地域には、二〇名を超えるIターン者がすでに来ている。市議会議員をしながら、地域おこしに携わっている人まで出ている。

県の地域づくり支援員の話によれば、壊滅的な被害から立ち上がるために再度ワークショップを実施し、地域一丸となって行動するきっかけをつくることができたという。

また、普及指導員の話によると、各種補助事業の活用に際しても、みんなで作成した実行計画表により市行政に地域要望として認識してもらえたことが大きかったという。

一方、協議会会長は、現在の取り組みができるようになったのは、県職員の力のおかげだとしている。地域づくり支援員による寄りあいワークショップの設営から、普及指導員による実行計画アイデアに活用できる事業メニューの紹介、事業導入支援、作物栽培や加工品開発指導等、実行に向けて様々なサポートを受けた。行政と連携すれば、なんでもできる気がしてきている、とまで語った。

寄りあいワークショップによって地域が一丸となり、行政との連携で地域再生軌道に乗せることが可能なことが、ご理解いただけよう。ただし三津ノ地区のように、地域によっては、地域の暮らしの危機的な状況の発生が加わることで、そのことが地域再生軌道に入るギアになることも考慮しなければならないだろう。

あわせてこの事例からわかるように、地域再生の日々の取り組みの主軸は女性の力にあるということも見逃してはならない。

なお、和歌山県でもいくつかの地区ではフォローアップワークショップ（ステップ9、10）の必要性から、ステップ8以降も支援し、実践している。だが、三津ノ地区では上記のような取り組み状況にあるため、以下のステップ8からは、ファシリテーターが手を差し伸べる必要なく、自立的に実践している。そのため、実例の紹介については、ステップ8以降は割愛する。

†ステップ8　実践と取材

【進め方】


「ステップ8」は、「実践と取材」である。

自治区の承認を得た後、実行組織のもとで会合を定期的に開きながら、計画を煮詰めていく。何回かの会合が必要になる。

その過程では、アイデアの中の何をどう実現するのか。誰がどんな役割を果たすか。スケジュール的にはどう実施していくか。必要となる経費はどのくらいで、誰がどのように負担するか。行政にはどのような支援を求めるのか——そういったことを検討する。

和歌山県の例で言うなら、地域づくり支援員のような行政側の人材の配置が重要となる。この過程で陰になり日向になり、側面支援を行う。この支援があるからこそ、住民も安心して実行に踏み出せる。ただし気をつけるべきことがある。行政の事業や金銭的支援のメニューが先にあってはならない。住民が必要に応じ規約もつくり、知恵も出し、資金も出し、汗もかくことが前提なのだ。そうでないと、従来の陳情型に逆戻りし、元の木阿弥になってしまう。

そのような住民の取り組みを前提に、住民と協議しながら、行政事業メニューの中で活用できるものは動員し、提供していくのがよい。ただし前にも言及した通り、国の省庁のタテ割り事業をそのままバラバラに入れるのではなく、必要に応じ統合して地域の実情に合った形で整合性をもった事業に仕上げて提供していく。そしてこれが可能となるように、行政改革も進めながら行っていくことが求められる。

さらに強力な行政支援にしていくためには、全国一律の事業メニューが先にある現在の行政手法を根本から改める必要がある。地域の実行計画が先にあり、その実現を促進する形でオーダーメイドの事業支援ができる仕組みに転換していく。それによって初めて地域再生は可能になるのである。

このことは、産業界ではとうの昔に当然の考え方となっている。製品・サービスをつくればなんでも売れた高度成長期は終わり、メーカーオリエンテッドからユーザーオリエンテッドのビジネスモデルに転換してきている。転換しないと製品やサービスが売れず、大企業であっても倒産の憂き目にあう時代に入ってしまっているのだ。

実は、本来なら行政においても企業と歩調を合わせる形で、高度成長期以降、行政オリエンテッドから地域住民オリエンテッドの行政モデルへの転換が必要だったのである。企業と違い行政は、税金という形で黙っていても売り上げが上がるから、行政市場のニーズが変化していてもそれにお構いなく全国一律の行政メニュー、しかも省庁タテ割りメニューという従来路線で、形としては走って来られた。しかしその結果はどうか。地域が疲弊し、行き詰まるところまで行き詰まってしまっているのが現在なのである。

その意味で、行政が変わらない限り、地域は死滅しかねない。地域再生は住民が立ち上がることが前提であると同時に、行政がいかに変われるか。その変革の取り組みこそが、伏線としてのワークショップの実行計画の実践なのである。

さて、本線の住民による実行計画の実践にあたっては、取り組み過程と結果、成果から、思わぬハプニング、新たに課題視される事柄や様子までを写真撮影する。たとえば、何かのイベント事業をした場合、その内容の検討過程から開催、後始末までの全過程が取材対象となる。取材視点の一貫性と記録の漏れをなくすために、実行組織に写真取材担当者を置くとよい。もちろんメンバーそれぞれが実践の写真撮影をすることも重要である。様々な視点も必要だからである。

なお、写真は日付入りの設定で撮影しておくとよい。時間の経過をたどることも検証の段階では役立つ。

イベントなど集客事業は、参加者の感想をアンケート方式で集めておくことも取材のうちである。あるいは、直売所のような取り組みならば、売れ筋のデータをはじめ、お客さんの声でハッとしたことなど、販売ノートのような形で記録に心掛けることも大事だ。そして、このような記録情報も写真取材の撮影対象になる。

一定の実践期間を経た後、結果の検証を行う。実行組織の立ち上げをスタートに、一年後くらいが目安となる。

†ステップ9　結果の検証（フォローアップ・ワークショップ1）

【進め方】


「ステップ9」は、「結果の検証」である。ワークショップ形式で進める。撮影した写真をあらかじめ現像、あるいはプリントアウトして、ワークショップに臨む（写真9）。

最初に、写真分析の進め方について解説する。分析方法はステップ4の実態の把握に用いた方法と同じである。その意味ではおさらい的な解説になる。ここでの説明もステップ4とほぼ

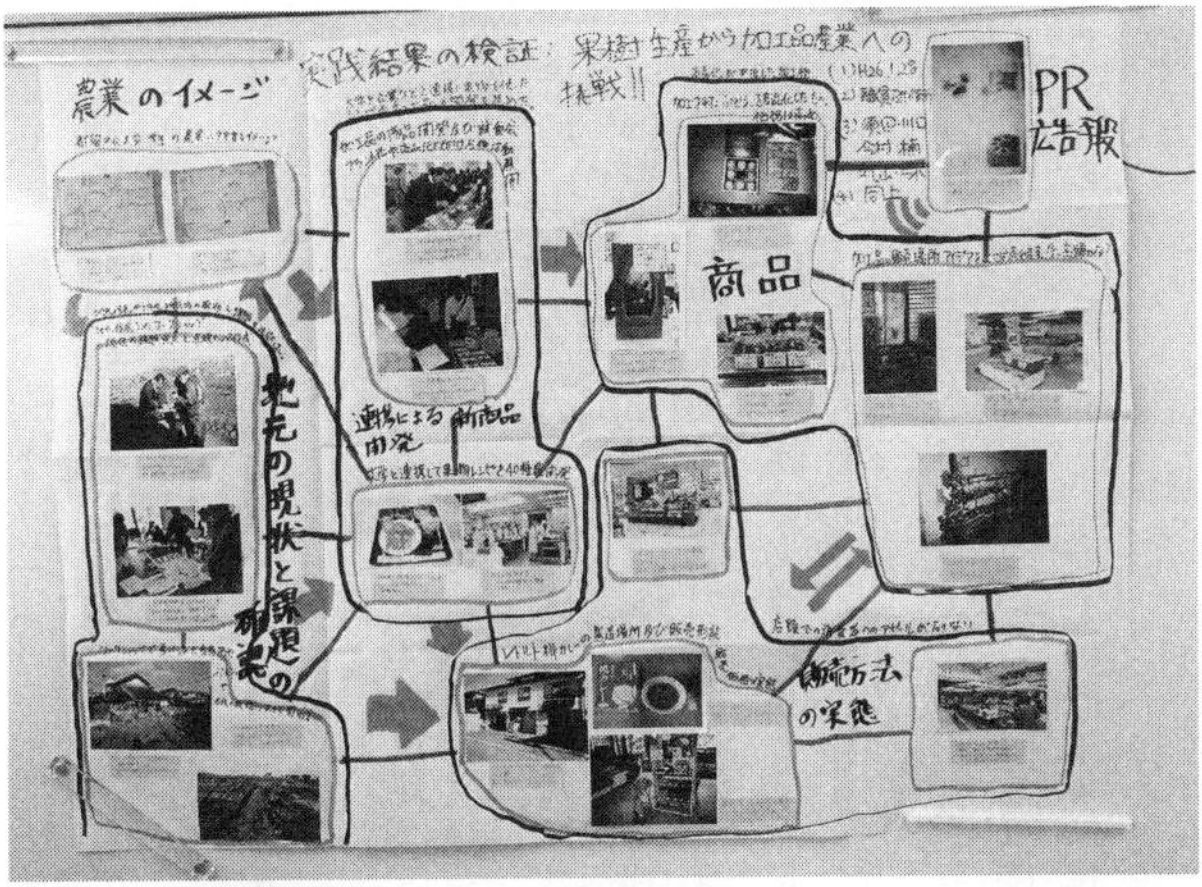

写真9　検証写真地図（山梨県職員研修所、寄りあいワークショップ実践型研修での取り組み）

同じで繰り返しになるが、以下のように進める。所要時間は約五分。

まずは一六分割に折り目をつけた模造紙を班ごとに広げる。このときの班分けは、実行アイデアごとであったり、その中での実行メニューごとであったりするが、班分けせずに全体で行うなどの方法もある。そのときの取り組み状況で判断するとよい。所要時間は約五分。

次いで、撮影した写真を分担配布する。そしてお互いに撮影した写真を説明しあいながら、全員の写真を一六分割のコーナーの枠を使って、振り分ける。類似する仲間を一六前後の山に分けると言ってもよい。標準時間は約二〇分。

その上で一六前後の山の一つから写真を取

り出し、一覧できるように広げる。その中から最も典型的意味合いと映像を物語る写真一枚を選ぶ。さらに、他に残しておきたい特色のある写真があったら残す。このようにして一山ずつ写真を選び出し、全部で二五〜三〇枚くらいに絞り込む。標準時間は約四〇分。

次に、絞り込んだ写真二五〜三〇枚を用いて写真分析し、「検証写真地図」を作成する。標準時間は約五〇分。

なお、残った写真は、写真データリストの形で、模造紙に一覧できるように作成する。時間的にワークショップ内でできない場合は、行政のほうで後日作成する。

その上で、各班の検証写真地図を全体で発表し、検証結果の共有化を図る。これを踏まえて、ステップ6の第三回ワークショップで作成した実行計画の進捗度合いの検証・確認と新たな課題の見定めを行う。そして、改善案の検討項目を導く。標準時間は約二〇分。

そして、次回に向けて改善案のイラストアイデアカードの作成法を説明し、記入用紙を配布する。ただし、実践結果の状況によっては、進め方に工夫を要することが発生する。

最後に、感想の記入と閉会の挨拶で終了する。標準時間は約一〇分。

なお、ここで住民が作成した「検証写真地図」は、行政側で写真撮影しA3サイズにプリントアウトして参加住民にフィードバックすることで、アイデア出しの基礎資料とする。

†ステップ10　次計画立案（フォローアップ・ワークショップ2）

【進め方】

「ステップ10」は、「次計画立案」となる。ここでもワークショップ形式で進める。

進め方は、ステップ6の第三回ワークショップの「解決策・実行計画立案」と同じである。詳細はそのページを参照されたい。

次計画にあたっては、イラストアイデアカードを用いたアイデア地図作成の方式のほかに、企業の経営計画のやり方を導入しながら、ワークショップ方式で進める方法がある。

地域が再生していくためには、その柱として産業再生がどうしても必要になる。そのため、次計画立案の段階では、地域経営の考え方と取り組みが必要になってくる。とくに地域再生起動ステップガイドにそって、二回目、三回目と繰り返すにしたがって、すなわち二〜三年と経過するにしたがって地域は再生軌道に入り始める。産業再生が必要となるのは、その段階においてである。

そこで企業経営の考え方である「市場の三角形」と「SWOT分析」、「戦略目標計画」の方式を取り入れてワークショップを行い、実行計画の質と実践力を高める取り組みをする。

いずれも経営に関する文献で紹介されていることだが、概略を説明するとこうだ。

市場の三角形とは、顧客と自社（自地域）と競合他社（競合他地域）の三者の関係を三角形の図式にしたものを指す。顧客は誰で、競合他社はどこか。その顧客に対して自社はどのような商品・サービスを提供しているか。競合他社の商品・サービスは何か。そしてこの対比をもとに、競合他社との比較で「自社ならではのものは何か」を見定めようとする考え方である。

ＳＷＯＴ分析は、外部環境と内部環境の軸と有利な状況変化と不利な状況変化の軸からなる四つの窓をもつマトリックスを描く。外部環境の有利な状況変化にあたる窓が「機会（Opportunities）」、不利な状況変化にあたる窓が「脅威（Threats）」とされる。内部環境の有利な状況変化にあたる窓が「強み（Strengths）」、不利な状況変化にあたる窓が「弱み（Weaknesses）」とされる。自社と競合他社との対比の中で、この四つを見極める。そして自社を取り巻く経営環境の変化に対応して、強みを活かし、弱みを強みに転換し、脅威に対抗しながら機会を活かして事業を戦略的に展開しようという考え方である。

そしてこの経営戦略を目標管理方式で展開しようとするのが、戦略目標計画である。ＳＷＯＴ分析に基づき、経営課題を見定め、成果目標を定めて、具体的な実行施策を案出するのである。

このようなアプローチを地域経営に適用していくことも、地域再生には必要である。ただし地域は産業だけで成り立つのではなく、暮らしが総合的に成り立っている。そのことを重々踏まえた地域経営が必要である。

このような地域経営を進めていく上でも、寄りあいワークショップによる問題の「解」の創造と「合意」の創造は、大きな力を発揮する。

†ファシリテーターの養成

このような寄りあいワークショップを地域の中で展開するには、ファシリテーターを誰を対象に、どう養成するかが課題になる。

対象別に見通しを述べてみよう。

第一の対象候補は、市町村職員である。

次の第四章の事例で紹介する山梨県富士川町では、合併後の総合計画を策定するにあたって、二〇地区の自治会でワークショップを展開して、住民の声を反映させる取り組みをした。第一回は意見地図の作成による課題の抽出、第二回はアイデア地図の作成による解決策の立案、第三回は実行計画の作成の三回のワークショップを行った。

いずれの回も筆者が四地区で進め方の見本を示す形でワークショップを実施し、それをもとに町の職員が実施マニュアルを作成した。自作のマニュアルをもとに、自ら予行演習をしてから本番に臨んだ。ここでも住民の感想を書いてもらったが、その感想は非常に好意的だった。

これに勇気づけられて、職員たちは一六地区でワークショップを自力で実施した。

市町村職員は日頃から住民に近いところで仕事をしているので、住民との人間関係や信頼関係ができており、ワークショップを進めるうえで大きく役立ったと推察される。以上を踏まえると、①筆者のような経験者が見本を実践的に示し、②マニュアルを自作し、③ファシリテーターの役と住民の役を互いに交代して予行演習することで、ファシリテーターの養成は可能だろうと筆者は見ている。

ただし、中には苦戦した地区もある。理由は、第一回のワークショップで要望的な意見が出されたケースで、第二回目に「前回質問したことはどうなったか」と切り出されて、ファシリテーターが現場で立ち往生するということがあったからだ。ファシリテーターは住民と行政の中間の立場に立つ必要があるのに、普段の利害関係者の立場に立たされてしまった。行政職員がファシリテーターになる場合、この問題をクリアする必要がある。この問題への対処法は、次の県職員のケースで言及したい。

第二の対象候補は、県職員である。

和歌山県では一〇年間のワークショップの実績がある。しかし、人事異動で担当者が二〜三年で代わり、地域づくり支援員も同様に代わってしまう。そのため、ファシリテーター養成の研修を何回かしたものの、ファシリテーターが定着しないという経験をしてきた。

そこで二〇一三年から二〇一四年には、ファシリテーターの養成を工夫した。その結果、これまでの蓄積もあることもあるが、養成の手ごたえをもつに至っている。地域づくり支援員として各地域でワークショップの設営・運営のマネージメントを担当しているメンバーを対象に、二日間のファシリテータースキルアップ講座を開催。その後、すでに寄りあいワークショップを実施した地区に、フォローアップワークショップを行う形で住民に集まってもらい、実際に住民を前にして演習スタイルでファシリテーターを体験してもらった。二〇一五年からは、この人たちが一定程度、本番のワークショップのファシリテーター役を務める方向となっている。

このことから、①寄りあいワークショップの実際の設営・運営の場面を体験し、②ファシリテータースキルアップ講座で体験的に学習し、③実際の住民の前に立って予行演習をすることで、ある程度養成が可能だと筆者は捉えている。

ただし、先の富士川町の例で課題となったように、住民と行政職員は利害関係者の立場に立つ側面をもっている。そこで、直接担当する地域振興局の管内では地域づくり支援員とファシリテーターの役を分け、直接的な利害関係の立場に陥らないように、担当管内以外でファシリテーター役を務める方向で考えている。

第三の対象候補は、NPOメンバーや志のある市民である。

二〇一一年（平成二三）の総務省の「新しい公共支援事業」に基づく人材育成事業の一環と

して、山梨県主催、山梨県立大学受託・実施による「地域再生ファシリテーター養成講座」で、プログラム設計と指導を担当した。

研修プログラムは、座学とモデル地域での実習を組み合わせた六回の連続講座で、各回は九時三〇分～一六時三〇分の六時間である。概要は、次のようである。

①問題把握——地域の基本情報の調査による問題点の把握・共有化とその方法の習得。

②現地事前調査——外の目から見た、対象地域を元気にする資源や改善要素の掘り起こしとその方法の習得（モデル地域での実習・フィールドワーク）。

③現状分析——現地調査を踏まえ、対象地域の課題や地域再生につながる資源等を分析し、地域資源地図等の作成手法を学ぶ。

④課題解決の立案——地域の現状分析を踏まえ、地域の強みや弱みを勘案しつつ、地域課題の解決案を提案する手法を学ぶ。

⑤ファシリテーション手法の学習——検討した案を地域住民にわかりやすく説明し、かつ、住民の自発的な意見を引き出すファシリテーションの手法を学ぶ。

⑥モデル地域での住民との意見交換会——対象地域で住民参加ワークショップを開き、ファシリテーションを住民を前にして体験的に学ぶ。

募集定員は二五名だったが、希望者が四五名を超えた。実際は四三人（男性二九人、女性一四人）で実施。職業も年齢も様々で、観光協会、NPO、地区区長、市町村役場、社会福祉協議会、学生、企業経営者、市議会議員などである。

養成講座実施後、受講者で山梨地域再生協議会を立ち上げ、現在も活動している。実際に地域のワークショップでファシリテーターの実践経験もしている。

このような専用のプログラムで市民を対象としたファシリテーターの養成が、一定程度可能である。

課題は、ファシリテーターが養成されても、市町村からのワークショップ支援依頼がなかなか発生してこない現状にある。目下の国の地方創生の取り組みで、このような人材の活躍の場が出てくることを期待したい。

第四の対象候補は、国が推進している集落支援員や地域おこし協力隊の人材である。いま紹介した専用のプログラムなどで養成することで、ファシリテーターとしても活躍できるようにしたい。正規の行政職員とは立場が異なるので、利害関係の間柄になりがちな住民と行政の関係を回避できる。その意味でも有力な人材候補である。

第五の対象候補は、KJ法の創案者川喜田二郎氏が一九六九年に、東京工業大学教授を辞してまで始めた「移動大学」の参加者と一九七〇〜八〇年代に産業界を中心に普及した、KJ法の体験者である。

移動大学は、当時大学に吹き荒れた大学紛争の嵐の中で、その本質は現代文明の病の一角が大学紛争にあらわれているとし、それに対処しようとしたことに始まる。文明の病とは、三つある。一つは、環境が汚染され、破壊されるという「環境公害」。二つ目は、人の心が荒廃していくというもので、これも人がつくり出したものだから「精神公害」。そして三つ目は、どちらにも深く関わる「組織公害」で、組織の中で人間が人間らしさを失うことだとした。その打開の一つの提案として新しい大学を提唱したのだ。二週間のテント生活のキャンパスを設営し、日本列島を教科書とした野外調査を基礎に問題解決学教育を行うことによって、現代文明の病の体質改善に挑む人材を養成しようというものであった。定員は一〇八名、全国一五カ所以上で開催している。

KJ法の日本社会への普及は、大企業のほとんどを巻き込みながら産業界をはじめ各界各層に展開された。産業界では、品質管理運動をはじめ、小集団活動の話しあいの方法として導入された。そして、KJ法の入門書『発想法』(中公新書)は、正・続を合わせて累計一〇〇万部を優に超えている。

寄りあいワークショップのプログラムは、移動大学の地域住民版として位置づけられる。またその手法は、KJ法を基礎においている。このような意味から、移動大学やKJ法の体験者は、即戦力としてのファシリテーター養成候補になりうるだろう。

なお、長期的観点からは、大学教育での人材育成が必要だと考える。筆者は北陸先端科学技術大学院大学でも非常勤講師を務めているが、そこでは修士の副論文の課題テーマにしうる形で、「ミニ移動大学」の講座を三泊四日で行っている。二〇一一年度から始まり、二〇一五年度からは「地域創生論」の講座名称で継続している。講座内容は、寄りあいワークショップを中心に据え、地域住民と学生が協働できる形にカリキュラムを構成している。あわせて、対象地区の自治体との協働で、プログラムを実施している。

講座の最初に地域住民に参加してもらい、意見地図を作成する。それを受けて学生が地域調査、資源写真地図の作成、アイデア地図の作成を行う。最終日に地域住民に検討結果を報告し、アイデア地図をもとに地域住民に優先度評価、実行計画を行ってもらう。最後は、実行計画を地域住民が発表する。

その後、大学の担当教員と参加した学生が対象地区の実践をフォローしている。地域再生の角度からは、学生のアイデア提案に基づく実践の後、改めて学生がファシリテーター役を務めて地域住民が寄りあいワークショップを行い、住民主体の地域づくりに発展させることができれば、学生の教育と内発的な地域再生の両立ができるようになるだろう。

こうした大学教育の側面からも、今後のファシリテーター人材の養成を期待したい。

このような人材が寄りあいワークショップを地域で展開し、住民が立ち上がる支援ができれば、地域再生に明るい見通しが出てくるだろう。

第四章 実例

自治区での寄りあいワークショップ(山梨県富士川町)

1　打率五割の地域再生——和歌山県水土里のむら機能再生支援事業

前章で紹介した寄りあいワークショップの具体的な方法を踏まえて、この章では、その実践例として、具体的な地域再生事業を見ていこう。

筆者の提唱する寄りあいワークショップを柱とした地域再生の方法は、とりわけ和歌山県の水土里のむら機能再生支援事業の実践的な取り組みの中で磨かれてきた。その意味で、「和歌山方式」と言えよう。この方式はいまでは他地域でも展開できる汎用性をもった方法として、ほぼ完成に近いところまできている。

まずは、そのもととなった和歌山の事例を紹介したい。

†事業のあらまし

二〇〇四年（平成一六）七月に「紀伊山地の霊場と参詣道」が世界文化遺産に登録された。この霊場と参詣道は、和歌山県と奈良県、三重県にまたがっており、熊野参詣道や高野山町石《こうやさんちょういし》道《みち》がメイン街道として含まれるため、和歌山県の霊場と参詣道に大勢の観光客が訪れるようになった。観光客の増加は地域にとってもちろんうれしいことだ。

だが、その沿道の集落は少子高齢化に悩んでいた。中山間地域で、農業従事者の高齢化、後継者不足から耕作放棄地が拡大している。それに伴い、先人がそれまで築いてきた歴史や文化、自然と共生した生活、共同活動による集落の継承までが、消滅しかねない状況に至っている。そこで和歌山県は、世界遺産登録を契機に、住民が主体となってむら機能を維持し、地域が元気を取り戻すための支援に踏み出した。

二〇〇五年に、「参詣道と水土里《みどり》のむら機能再生支援事業」の名称で事業が発足。その後この事業は、参詣道周辺地域だけではなく、全県の集落再生へと広げられた。二〇一四年度までの一〇年間に、五二地区で寄りあいワークショップが行われてきた。その半数の地域において、いままで停滞していた地域活動が再開された。寄りあいワークショップは、集落を見直す場として成果があったと県は評価するに至っている。二〇一五年度からは、これまでの寄りあいワークショップの取り組み地区に加え、いままで実施してきた地区に対してもさらなる地域活動の活性化に向けた支援を計画している。

世の中でもてはやされるような、傑出したリーダーがいて華々しい成果をあげている事例にはまだ及ばない。しかし地域住民が立ち上がり、成果は地味でも地域再生軌道に乗っている打率が五割にのぼるところに、この取り組みの価値がある。

この事業はなぜ一〇年間にもわたって継続できたのだろうか。いくらハード事業を行ってもそれに携わる地域住民が減少し、歯止めがかからない。そこでソフト事業によって人材育成とコミュニティの再生することが不可欠だと見抜いたところに、継続の秘密がある。その上で地域が活力を取り戻せば、再びハード事業も必要となる。

実はこの事業の発議・所管の部署は農業農村整備課で、農道や水路、耕作地の整備・改修・保全活動を担当するいわゆる「ハード」事業部門だった。そこが共同体活動の再生という「ソフト」事業を、先見性をもって取り組んだところにも、重要な意味がある。

幸いハード事業の担当部署だったことから、「中山間ふるさと水と土保全基金」の運用益も活用できた。この基金は、一九九三年に、中山間地域における過疎化、高齢化などによる地域活力の低下に危機感を抱いた農水省が「農地や水路などを利用する地域住民活動の多様な展開を促進し、地域の活性化を図る」ことを目的につくった基金事業で、各県一〇億円規模となっている。和歌山県の取り組みは、この基金の有効な活用事例だ。

以下に、和歌山県の四つの集落の具体的な事例を紹介しよう。いずれも寄りあいワークショップを契機に地域再生に取り組んでいる。寄りあいワークショップの実際の経過を解説するよりも、その後の住民の挑戦する姿に焦点を当てて紹介したい。

†商標登録によるブランド戦略――紀の川市鞆渕地区

黒大豆を代表とする農産物のブランド化で成功した地域がある。和歌山県北部の鞆渕《ともぶち》地区だ。旧粉河町の南部、鞆渕川流域に広がる地域であり、中世は高野領だったところで歴史・文化が豊かである。鞆渕八幡神社には現存する日本最古の平安時代の神輿があり、国宝に指定されている。大阪市内から約五〇キロ、関西国際空港から約二五キロ圏内にある。旧粉河町の面積のうち三九パーセントを占め最も広いが、居住人口は最も少ない山間部の集落である。現在は合併し、紀の川市となっている。

寄りあいワークショップが開催された二〇〇五年の地区の総戸数約三〇〇戸のうち、半数以上の一六七戸が農家であったが、二〇一五年六月時点では総世帯数二八〇戸、農家数一四〇戸に減少している。二〇一五年三月三一日現在の人口は五八五人で、高齢化率五二・三パーセントである。

「地域を前面に出して売っていくことを真剣に考えなければならない。そのためにも、Iターンや U ターンで地域農業を支えてくれる人がいるといい。息子にも跡を担ってほしいと話している。ウンとはまだ言ってくれないが……」

寄りあいワークショップ後、二〇一五年六月、久しぶりに訪ねた席で、ともぶち地域活性化実行委員会副会長兼黒豆部会副部会長が語った言葉だ。

これまで日本の地方の多くの人が、「農業は大変だ。子どもたちはこんなところに住むよりも、いい大学を出て都会で働くほうがいい」と都会に子弟を送り出してきた。その結果が少子高齢化だったとも言える。

鞆渕地区でも以前はそうだったのだろう。だがワークショップの後、黒大豆の商品化に始まる地域づくりに取り組んでから一〇年目を迎える中で、子弟を都会へ送り出す思いが跡を継いでほしいという思いへと一八〇度転換し始めているように見える。これも、この一〇年で、住民がビジョンをつくり、地域にあるものを資源にアイデアを生み出すようになったからだろう。地域再生実現の重要性を改めて教えてくれている。

鞆渕の黒大豆は良質で、出荷時期が早い。地元業者が買い付けに来ていたが、農家は個々に買い付けに応じていたので、自分の黒大豆の評価がわからず、「鞆渕の黒大豆」の価値に気づかなかった。

そこで、自然の豊かさ、環境にやさしい安心・安全な農環境のブランド化と、その地域限定の農産物としての鞆渕ブランドの確立を目指した。

黒大豆のブランド化に取り組み、市役所や普及指導員の支援により二〇〇八年に「鞆渕の黒大豆」を商標出願、翌年には「がんこ農家」の商標を紀の里農業協同組合で取得。栽培地域を鞆渕地区内に限定し、厳しく管理している。地域外で栽培したものは認めず、外から鞆渕地区内に来て栽培している者には、商標使用を認めている。生産者は「鞆渕がんこ農家」のステッカー代とは別に、一枚使用するごとに一円を積み立て、積み立てたお金は商標管理に必要な経費に充てている。このような管理が行き届くことで、ブランドが確立した（写真10）。

写真10　集落の入り口3カ所に建てられた鞆渕地域ブランドサイン（提供：和歌山県）

　黒大豆は、大豆として直接消費者に販売するほかに、ロールケーキやジェラート（アイスクリーム）、醤油、アラレといった加工品の原料としても業者と提携して納入するまでになっている。さらには枝豆としても製品化され、人気を博している。その結果、黒大豆といえば〝トモブチ〟といわれるほどに全国的に名前を知られるようになっている。栽培農家も増えてきている（写真11）。

　次いで取り組んだのは、ちぢみほうれん草の栽培・商品化。標高が高いため糖度が高く、しゃぶしゃぶにして食べるとおいしいと、これまた大人気となっている。二〇一五年一月には、毎日放送「ちちんぷいぷい」で取り上げられ、鞆渕限定商品として大きく宣伝されて、うれしい悲鳴を上げることになった。

その他の農産物には柿、えんどう豆、キュウリがあるが、これから取り組んでいきたいものは、山菜だという。山菜は足下に豊富にある。たとえばかつては見向きもされなかったフキノトウだが、一二個入り一パックに高いときには五〇〇円程の値がつく。売れ先は、関西圏の料亭が主。これも地域商標があるからで、なければ価格は三分の一ほどだ。高齢化の中で、今後は若い力の要らない山菜に力を入れていきたいという。

写真11　全国的に有名となった「がんこ農家の黒大豆」（提供：JA 紀の里）

農産物や山菜の広告宣伝を兼ね、都市圏の人に多く来てもらおうという取り組みも行っている。その一つがオーナー制の農場だ。一区画五〇〇〇円で、七〇区画を販売。年々増加傾向にある。六月には黒大豆の植え付け体験、その後はたまねぎとサツマイモの収穫、ホタルの観察。一〇月には黒大豆の枝豆の収穫体験とちぢみほうれん草の植え付け。一二月には黒大豆の収穫体験とお餅つき、正月の注連縄《しめなわ》つくり。一月にはちぢみほうれん草の収穫とこんにゃくづくり体験。イベントは一年間にわたり、二〇一五年で第八回目を迎えている。都市圏の人に地域を知ってもらうだけでなく、住民も都市圏の人たちと交流を楽しむことが狙いだ。

加えて最近では、鞆渕小学校と連携し、子どもたちに黒大豆とちぢみほうれん草の植え付けと収穫の体験授業を行っている。収穫された農産物は、旧粉河町の全小中学校の給食の食材に使われる。残りは、全国で最大の売り上げ規模をもつ農協の直売所「めっけもん広場」で、子どもたち自らに販売体験をさせている。

このような取り組みの結果、地域の農家の収入も大きく増加した。現在、他の地域の農家の一般的な粗収入が二四四万円に対して、鞆渕地区は夫婦二人だが四七二万円になる（経費を除くと、二〇〇万円が実質的な収入だという）。

一連の取り組みを推進する組織は「丸友鞆会」で、商標権を管理し、地域の適作作物や品種の研究を行っている。面白いことに、この構成員は夫婦であることが条件となっている。一七戸が意思決定の主体で、夫婦合わせて三四人である。この会とメンバーが重なる形で「ともぶち地域活性化実行委員会」も結成されている。この委員会に黒豆部会をはじめいくつかの部会があり、各農家がメンバーとして加わっている。Iターン者も加わることができる。

鞆渕地区の農産物は大阪中央青果市場から、高級料亭「吉兆」にまで納められている。丸友鞆会会長兼ともぶち地域活性化実行委員会副会長は、「お金もかかるが、メンバーに自分たちの農作物がどのように使われているか、視察をしてもらおうと吉兆にも行った。男は口ばっかりだが、女性は見るところが違う」と、夫婦で取り組む重要性を強調している。また、自分たちの栽培している作物や山菜がどれだけ価値があるかを自ら体感することで意識改革を図っているのだ。

この結果、Iターン者・Uターン者のメンバーは一〇人を数えるに至っている。いずれも農業体験は初めてでともぶち地域活性化実行委員会に加入し、既存のメンバーが熱心に農業指導をしている。次世代の継承にも取り組み始めている。

丸友鞆会会長は言う。「地域づくりには最初からメニューが決められた補助金は要らない。自分たちで何をしたら収益性が高められるかを考える。そのために必要な補助金を市町村や県、国に働きかけることが重要だ」。ここに地域再生に向けた地域と国や行政との関係のあり方が提示されていると言えよう。

鞆渕地区の取り組みに役立った事業は、次のようなものであった。

①ベジフルストーリー開発事業――県単補助、事業主体・JA紀の里、二〇〇六～〇七年度、ブランド化に向けた組織育成等（パンフレット等作成）

②振興局政策コンペ事業（黒豆の里・むらおこしプロジェクト事業）――県単事業、実行主体・ともぶち地域活性化実行委員会、二〇〇八年度、黒豆の生産技術の向上・黒豆の販売促進等の補助（圃場借り上げ、商標取得、料理集の発行）

③地域・ひと・まちづくり支援事業――県単補助、実行主体・ともぶち地域活性化実行委員会、二〇〇九年度、農業体験等の補助（イベント開催費等）

④新農林水産業戦略プロジェクト推進事業――農水省国庫補助、事業主体・JA紀の里、二〇〇九～一一年度、黒枝豆出荷の拡大と販路戦略（脱莢機《だっきょうき》等の導入、袋詰め機等の導入、出荷袋の作成）

なお、「平成二六年度豊かなむらづくり全国表彰事業」において、ともぶち地域活性化実行委員会は、農林水産大臣賞を受賞した。あわせて、特別賞「日本政策金融公庫農林水産事業本部近畿地区営業統括賞」も受賞している。

†都市圏の人たちとの連携を突破口に――橋本市柱本地区

棚田の景観再生によって、地域の再生を試みているのが柱本地区である。和歌山県最北端の橋本市の中でも北部に位置するこの地区は、山間地でありながら大阪の都市圏や新興住宅地と隣接している。芋谷川に沿って約四五〇年にわたり持続的に管理されてきた棚田があり、米と野菜を中心とした農業が営まれている。

寄りあいワークショップで地域再生に取り組んだ二〇一一年当時は、総戸数八二戸、人口二五三人、高齢化率四三・六パーセント。農業従事者数五九人のうち七割以上が六五歳以上であった。二〇一五年六月現在、戸数七八戸、人口二二四人。農業従事者数は三四人と大幅に減少している。高齢化率は四一・五パーセントと微減。Uターン、Iターンはなく、孫ターンが一人で、人口の側面から見ると厳しさが格段に増している。

しかし柱本地区は、寄りあいワークショップによって実行計画をつくり、諦めることなく、地域再生を地道に実践している。

柱本地区の棚田景観は「日本の原風景」をとどめている。しかも谷間一つを挟んで新興住宅地が隣接しており、大阪圏にも電車で一時間ほど。都市圏のメンバーを主体とするボランティア団体が、二〇年近く継続的に棚田再生の活動に取り組んできた。その活動をさらに拡大すべく地域住民との連携を図ろうと、地域と協働で寄りあいワークショップの開催を試みたが、当初は地区の側が受け入れる状況にはなかった。

そこで自治区の会合で、寄りあいワークショップとはどのようなものかを説明した上で、二〇一一年に自治区で寄りあいワークショップを開催した。そこで立案した実行計画のアイデアが、ボランティア団体の取り組みと重なることが判明。以前からボランティア団体との協働を検討していたため、実行計画の実現に向けて地域住民とボランティア団体などからなる「柱本田園自然環境保全会」で取り組むこととなった。

ここで重要なのは、地域住民が自分たちでやるべきことを立案、決定し、地域づくりの手綱をとることにある。寄りあいワークショップによってこれが可能となり、自らの手綱さばきでボランティア団体と連携・協働する自治権を確保するに至ったのだ。

「柱本田園自然環境保全会」は柱本地区区長を会長に、ボランティア団体の代表らも含め、公民館館長、老人会会長、小学校校長、ほか一五名の役員で構成された。保全会は、実行計画の優先度第一位の「四季を通じた休耕田の活用」で、〝紅そば〟や菜の花、ひまわりを植栽し、その景観を鑑賞するウォーキングイベントを実施。収穫したひまわりの種から「ひまわり油」を精製している。今後は、それを利用した加工品開発を目指している。

第二位の「柱本いいとこマップづくり」は、二種類の地図を作成。第三位の「歴史散歩ハイキングコースづくり」も設定、作成し、第四位の「案内看板の設置」は、県の事業支援によって設置された。第五位の「ハイカーが休める足湯づくり」も検討中である。

一方、ボランティア組織が二〇一二年から取り組んできていた事業の一つが「トヨタアクアソーシャルフェス」。これは「水」をテーマとした地元の自然環境を保護・保全するトヨタの地域社会貢献活動である。二〇一四年からは保全会が受け皿となり、二〇一五年は第四回目を迎えた。このイベントの中で、実行計画第六位の「柱本丸ごとガレージセール」も実行。子どもたちがポップを描き、親子で販売。地元産のお米、キャベツ、たまねぎ、茄子、「うまい菜」などが並んだ。

写真12　イベントの一つ“学び舎”（生き物調査の研修会）
（提供：和歌山県）

また都市圏の人が里山学校を月二回の頻度で、地区との連携で開催し、五〜六人の住民が支援している。保全会では、棚田への水路に魚道を設置し、水生生物の観察・調査を実施。公民館や小学校と一緒に「生き物調査の研修会」の開催や地区外の都市住民を対象とした農業体験、自然観察会などのイベントにも取り組んでいる。

このような保全活動や都市交流のイベントの参加者数は、二〇一二年は四四一人、二〇一三年は六五六人、二〇一四年は九二六人と、年々増加している（写真12）。

柱本地区の最大の問題は、人口減少による休耕地の発生である。保全会会長は、この状況をなんとか打破するために、参加者が増加しているトヨタアクアソーシャルフェスのイベントをはじめ都市住民との交流に力を入れ、物販につながるものを地域の中から生み出したいとしている。

注目したいのは、隣接する周辺住民が休耕地を借りて野菜づくりに取り組むケースである。一〇人ほどと、いまはまだ数は少ないが、いずれも定年組で、女性もいる。これは自分たちの土地を貸すレベルまで、地域住民が地域外の人を受け入れ始めたことを物語る。

自治区では、都市圏の子どもたちと親の農業体験や生きもの観察会等を通じて交流を深めている。これを、増加する高齢者の生きがいづくりの場としてマッチングできないかと検討している。

寄りあいワークショップの開催から五年目を迎えたいま、地域住民と都市住民のボランティアと一緒に、次に向けての寄りあいワークショップを行うことで、新たな地域再生のステージに脱皮する段階にきている。柱本地区の突破口は、年々増加しているイベント参加者をはじめとした都市圏の人たちとの連携にある。今後の取り組みに期待したい。

✝住民の手で地域の販売拠点を復活――印南町上洞地区

なんらかの危機的状況をきっかけとして、寄りあいワークショップによる地域再生が一気に進むこともある。印南町上洞《かぼら》地区では、商店の閉店がそのきっかけだった。

和歌山県中部海岸沿いの印南町にある同地区は、切目川上流域に位置する山間集落である。千両などの花木、小菊、水稲及び梅を栽培しているが、ほとんどが兼業農家である。隣接する川又地区は、ワサビの発祥の地とされ、原産の真妻ワサビが有名である。やはり高齢化が進み、老齢世帯が多くなっている。

優先度の評価順位	アイデア項目	難易度（ABCランク）	緊急度（いつまでにやるか）（○印の記入）			役割分担・主体（誰がやるか）（○印の記入）			着手順位	備考
			早く（1年以内）	2～3年以内	ゆっくり（4～5年以内）	住民	協働で	行政		
1	上洞田舎でバザール広場づくり	A	●			●	●		1	できるところから
2	切目川体験ゾーン	C		●		●	●		2	漁協との協議
3	上洞温泉の足湯	B		●		●	●		2	切目川連携
4	花一面の集落づくり	C	●			●			1	自分の敷地、田畑から
4	集落生活お助けマン	C	●			●	●	●	1	
6	竹の商品化	C	●			●			1	
7	売りだせ！我が家の漬物自慢コンテスト	B		●		●	●			専門家もいる
8	間伐材の商品化	B		●		●				
9	農家体験ステイ	A			●	●				
9	ハイキングコースづくり	A		●		●				南部町の支援

表5　上洞地区実行計画表

二〇〇九年の寄りあいワークショップ開催時点では、上洞地域の人口は一六六人。総戸数七二戸で、農家戸数は二三戸である。その後、二〇一五年六月一日時点では、人口は一三七人に減少。高齢化率は四六・〇パーセントである。

地区でワークショップを開催後当初は勢いはあったのだが、農作業等による忙しさもあって進展しないまま時間が経過し、地域の盛り上がりもやや薄れつつあった。

とはいえ実行計画表で検討された取り組みは、一部住民によってモデル的に実施されていた。優先度第二位「切目川体験ゾーン」と第九位「農業体験ステイ」は、七月末から八月上旬にかけて、印南町と姉妹提携している兵庫県稲美町の子ども（小学生四〇名）を町内一六戸で受け入れ、そのうち上洞地区内で三戸（九名）を受け入れた。農家民泊的なもので、子どもたちは農家体験をし、切目川で水遊びを行った（表5）。

アイデアランキングの一一位だった「モクズガニの養殖」も可能性が検討された。そのほか、ホタル観賞会、カワニナの採集・放流などにも取り組んだ。

そして、第一位の「上洞田舎でバザール広場づくり」に向けて、旧小学校跡地にゲートボール場を整備し、完成お披露目会を計画。近くのゲートボールチームを招待しての交流大会や、老人会による桜の木の植樹へと計画は進んでいた。

こういった個々の取り組みはあるが、ワークショップ関係者全体としての「一歩目のきっかけ」がなく、なかなか本格的な行動に移せない状況にあった。翌年度にフォローアップ・ワークショップを開催。それまでの取り組みを振り返りながら、何に取り組んでいくべきかを話し合った。大掛かりなことではなく、足下から実践できることを目指す方向で議論するように筆者は支援した。

二〇一三年に事態は大きく動き出した。集落内の国道四二五号のバイパス工事によって、集落で唯一の商店の移設が必要になった。商店はスーパー並の品揃えで、生活必需品が一応揃っており、ガス・ガソリンスタンドも併設されていた。ところが厳しい設置規制のためガソリンスタンドの新たな建設には高額投資が必要となることが判明。その結果、商店は道路わきへの移設を諦め、他の町へ移転することとなった。

写真13　上洞地区販売拠点の直販所

高齢者の多い集落にとって生活必需品の購入ができないという、切実かつ忌々しき事態に立ち至った。なんとかしなければという思いから、ついに住民が立ち上がった。町役場及び県担当者からの「総務省過疎集落等自立対策事業」の活用提案もあって、県の過疎対策課が動いて国補助事業の過疎集落再生・活性化支援事業費（「総務省過疎集落等自立対策事業」）と町の事業費を確保し支援。建物は商店から賃貸し、改修。住民の手で地域の販売拠点を復活させた（写真13）。

実現のための組織は、区長が音頭をとって結成した。①建物のレイアウトグループ、②日用品品揃えグループ、③農業関係出荷グループの三グループを組織し、班長とメンバーを配した。寄合会という協議を交えながら、建設から仕入れ、品揃え、製品加工、販売にまで取り組んだ。

二〇一四年一月に国道のバイパスが開通。二月に販売拠点の奥真妻活々倶楽部は開店した。九時から、昼食休憩の一時間を挟んで一六時まで営業。定休日の月曜以外は、女性八人が交代で店頭に立つ。朝七時半から男性が開店時間まで直売所を開けている。

日用品は近隣のスーパーなどの安売りを狙って、現金仕入れ。農産物は、住民が納入。加工品の味噌、こんにゃく、惣菜などは、女性一〇人でグループをつくって、直売所の中の調理場で加工している。

注目すべきは、販売拠点をつくったことをきっかけに、寄りあいワークショップで出された実行計画（表5）のうち、かなりの解決アイデアが実行に向けて動き出したことである。実行計画第一の「上洞田舎でバザール広場づくり」は、この販売拠点そのものである。表5にはないが第一四位の「ハエの商品化」は、八〇歳の人が川魚を釣り、火で炙って、商品として納入してきた。傷の治療に効能があり、病院でも売っている。

さらに驚かされることは、直売所で日用品を購入するだけでなく、昔つくっていたものをまたつくって、製品として持ち込む高齢者が出てきたことだ。

直売所が、地域住民の交易と交流の場となり、歴史上栄えたこの地が再生に向かい始めている中、昔の知恵を掘り起こす作業も次々と始まっている。七〇歳、八〇歳代の老人の話を聞き、味噌こんにゃくや糠漬けのつくり方、カズラ籠、わら籠、保存食など、伝統の継承が起こり始めている。地域資源の発掘は農産物でも起こっている。この地の米は水がきれいで天日干しのためおいしい。以前に購入した米の栽培者を名指しで買いに来る人がいる。日本ハチミツも貴重な産物だが、そのことを教えてくれたのは地域外の人だった。

問題は、Iターン、Uターンの見通しがまだ立たないことである。二〇年前にIターン者が一人いるが、その後は動きが見られない。区長は、いまいる若い世代の楽しみをつくろうと考えている。かつては村祭り、盆踊り、野球大会があった。毎年九月の第一日曜日に行っている防災訓練を兼ね、バーベキューで住民の交流をもちたいと考えている。

以上の上洞地区のケースからわかるように、寄りあいワークショップは、住民に何かやってみたいという気持ちを引き起こすが、内容検討の段階では、地域再生に向けたギアが入りにくいことがある。なんらかの危機的状況が地域に生ずると、それがきっかけとなって、ギアが入る。上洞地区では商店消滅という危機によって、販売拠点としての直売所の開設に結びつき、それがまた地域再生の原動力になっている。寄りあいワークショップで検討していた実行計画の内容が直売所開設のたたき台となり、ワークショップの参加メンバーは全員、直売所開設のときのメンバーになっている。

†未曾有の台風災害からの地域再生——新宮市三津ノ地区

上洞地区よりも、さらに厳しい危機が地域再生のきっかけとなったケースがある。台風災害を受けた三津ノ地区のケースだ。この地区は、和歌山県南部の新宮市熊野川町の南東部にあり、清流赤木川と一級河川である熊野川の合流部に位置する。熊野川流域では少ない平坦な水田が広がっているが、台風のたびに冠水しやすいという地形上の問題を抱えていた。

最初の寄りあいワークショップを行った二〇〇八年当時、地域人口は八九〇人、総戸数は四二四戸、農家数三九戸である。その後、二〇一一年九月の台風一二号による紀伊半島大水害で、この地区も壊滅的な被害を受けた。

生産基盤である農地は厚い土砂で埋まり、田植機、トラクタや乾燥機など農機具は、納屋ごと家ごと水に浸かってしまった。熊野川沿いに立地していた地域産品提供施設「かあちゃんの店」も、跡形もなく流されてしまった。

二〇一二年一〇月、農機具の復旧や「かあちゃんの店」の仮設営業等に力を貸してくれた普及指導員と農地災害復旧を支援した地域づくり支援員から、再びワークショップの開催を提案された。

実は第一弾の寄りあいワークショップで、三津ノ地域活性化協議会の会長はワークショップの役割は終わったと思ったという。つまり、行政からの働きかけに対してお付き合いで開催したというわけである。

ところが災害後に改めて第一弾の検討結果を見ると、その中にすでに復旧に向けてやるべき方向が出ていることに驚かされた。そこでもう一回寄りあいワークショップを行ったら面白い、ということで第二弾の開催となったという。

前述の上洞地区と同様、危機的な状況に直面したことを契機に、寄りあいワークショップの延長線上で地域再生にギアが入ったのである。県の地域づくり支援員も、再度のワークショップが、壊滅的な被害から立ち上がり地域一丸となって行動するきっかけになったと話す。

第二弾での検討の結果、表4（一二八頁）のような実行計画が作成された。そこで、優先度評価第二位の「負けない基地作り、〝かあちゃんの店〟再興」を着手順位一位として取り組むこととなった。

前回と決定的に違ったことは、計画の実行に向けて様々な検討がなされたことである。時期を同じくして農林水産省の都市農村共生・対流総合対策交付金の公募があり、応募を決めた。地元農産物や農村・食文化を核とし、都市との交流による地域の活性化を目指した計画が採択された。二〇一三年七月、熊野川産品加工組合をはじめ区長連絡協議会、生活研究友の会、土地改良区、JA、市、県等が参加し、三津ノ地域活性化協議会を設立。

以降、「都市との交流」を中心に「かあちゃんの店再興」と着手順位第二位の「かあちゃんの店と農産物をつなぐパイプづくり」を目指して取り組んできた。市と県の支援を得て、平成二五年度には地域産品加工施設を整備して、被災前に販売していた商品の復活と新商品開発を行っている。二〇一四年度には地域食材提供施設（農家レストラン）を建設。前述の通り、二〇一五年六月時点では、かあちゃんの店は被災前以上の姿で完全復活している（第三章扉参照）。

かあちゃんの店では、会員五七名からなる熊野川産品加工組合が、加工品やレストラン、販売を担っている。店の運営自体は、女性九人が三人一組になって交代で行っている。本格稼働する前の仮設の店では、加工組合の会長がボランティアで運営していた時期もあった。こういう人がいるから今日があると、協議会の会長は言う。

かあちゃんの店の取り組みには、マスコミも注目した。和歌山テレビやＮＨＫ、全国紙や農業新聞が取り上げている。店の売りの一つ、なれ寿司はＮＨＫの全国放送で放映され、評判を呼んでいる。

かあちゃんの店の売り上げ目標は、被災前の年間一八〇〇万円だが、ゆくゆくは五〇〇〇万円を目指す。場所がいいので、一億円の売り上げも夢ではない。土産品の開発やイベントによる客寄せ、地元ケーブルテレビの活用なども計画し、すでに取り組んでいるものもある。

三津ノ地域活性化協議会は二〇一五年から五年間、農林水産省の「農村集落活性化支援事業」に取り組むという。農村集落をより活性化させていくためには、都市との間の交流事業のような「外から」の対策と、集落間で支援しあいながら農業生産などを振興していく「内から」の対策の、両方の必要性に気づいたという。

最近は六次産業化という言葉が言われている。これは地域の第一次産業と関連する第二次、第三次産業（加工・販売等）に関わる事業の連携で、地域ビジネスの展開と新たな業態をつくり出す取り組みのことである。三津ノでも、獣害対策や集出荷システム構築、集落間の連携を図りながらの各集落に適した新規農作物の導入推進、生産物の加工や販売方法の工夫等で六次産業化を目指す。それによって所得の向上を図り、新たな雇用創出や担い手育成を図るという。

協議会会長の取り組みで興味を引かれるのは、新宮の若手料理人と連携して農作物の栽培を試みようとしていることだ。農家は、キュウリ、茄子、枝豆、大根、たまねぎ、白菜、トマトなどまで栽培している。収穫は料理人が畑に来て自分で野菜の旬ごとに収穫し、店で料理する。新鮮な野菜で、それ自体おいしい。プロの料理の手が加わることで、さらに価値が加えられる。店では月に何十万円かの野菜を使う。いまは若手料理人に限られるが、やがて新宮の料理界で、この方式が一般的になるのではないかという。

さらにたとえば、つくり損ねた小粒のたまねぎの活用がある。料理屋で普通のたまねぎの丸々の姿を料理として見せることはできないが、ラッキョウづけにして「これがたまねぎだよ」と出せる。それ自体においしさと新しい価値があるという。

このように、いずれも新しい農業の姿が見えてきそうで、わくわくする話だ。

このほかにも、優先度評価第一位で着手順位第二位の「〝赤木川米〟のブランド化」にも着手し、地区内の五つの農業者グループが共同営農による米づくりを開始している。「かあちゃんの店」でのお米を使ったメニューや加工品も増えた。さらに、米の付加価値を高めるために、たとえば「なれ寿司」に適した品種の研究にも取り組もうとしている。

Iターン、Uターンに来てほしいといっても、まずはいま地域にいる人が楽しく、元気でないとだめだ、と協議会会長は言う。元気で頑張っている姿を見て初めて、人は来てくれる。地域を元気にする取り組みに、様々なアイデアで今後もチャレンジしていきたいと語ってくれた。

三津ノ地区を含む熊野川地域には、二〇名を超えるIターン者がすでに来ている。市議会議員をしながら、地域おこしに携わっている人もいる。

なぜこのように様々な取り組みが成功しているのだろうか。住民みんなで作成した実行計画表によって、市行政に地域要望として認識してもらえたことが、各種補助事業の活用につながったと普及指導員は話している。

一方、協議会会長は、現在の取り組みができるようになったのは、県職員の力のおかげだとしている。地域づくり支援員による寄りあいワークショップの設営から、普及指導員による実行計画アイデアに活用できる事業メニューの紹介、事業導入支援、作物栽培や加工品開発指導等の実行に向けて、様々なサポートを受けた。行政と連携すれば、なんでもできる気がするとまで語る。

以上の和歌山の四つの例で、寄りあいワークショップによって地域が一丸となり、行政との連携で地域再生を軌道に乗せられることがご理解いただけただろう。地域によっては、暮らしの危機的状況の発生で、初めて地域再生にギアが入ることもある。またこれらの事例からわかるように、地域再生の日々の取組みの主軸は女性の力にあるということも見逃してはならないだろう。

2 地方自治の最先端の試みによる地域再生——山梨県富士川町総合計画

寄りあいワークショップの「和歌山方式」は、日本全国に広がりつつある。今度は、自治体の合併という困難に際して、寄り合いワークショップによって基本構想をつくることで、地域再生に成功しつつある地域を見ていこう。山梨県富士川町《ふじかわちょう》である。

†取り組みのあらまし

富士川町は、甲府盆地の南端に位置し、西に櫛形山と南アルプス、東南に富士川が流れ、その両者に挟まれた丘陵地にある。江戸時代から明治初期にかけて富士川の水運と陸路の駿河・甲州往還の基地として栄え、古い文化が集積している。

二〇一〇(平成二二)年度国政調査によれば、人口は一万六二五五人。町のホームページでは、二〇一五年六月一日現在、一万六〇〇四人で、前月比では一二人増加している。

富士川町は、二〇一〇年三月八日に、増穂町《ますほちょう》と鰍沢町《かじかざわちょう》が合併して発足した。平成の合併の最終ランナーである。

近隣町村との合併の組み合わせをめぐって住民の意向が分かれ、紆余曲折を経て合併に至った。そのため、新町の総合計画を立てるに際しては、地域住民の意向を反映させるため、寄りあいワークショップを導入したのだろう。住民の意向を最大限に反映させた計画を作成することで、町民の一体感を醸成し、新町の基礎を築こうとしたのだ。

地方自治法の規定により、合併市町村は、事務処理にあたり総合的かつ計画的な運営を図るため、「基本構想」を定める必要がある。そのような場合、外部のコンサルタントや大学の研究者などに立案を丸投げするのが通例である。そのような案は現実的には絵に描いた餅で、他の市町村の計画の焼き直しや、表紙を替えただけのものであることが多い。

町長と企画課長は、地域が疲弊した当時の状況下では、そのような計画は無意味だと判断した。そこで、住民対話集会を基本に据え、職員自らによる立案に取り組んだ。企画課長は当時について「行政は、人も予算も縮小されている。知恵もなかなか出てこない。住民に知恵も汗もかいてもらうことが必要」と語る。住民が立ち上がる計画でなければ、絵に描いた餅になるし、地域は再生できないと行政も判断していたのだ。

二〇一〇年八月から翌年の八月まで基本構想策定に取り組み、九月議会で可決されたのち、一一月までに自治区で住民の手によって実行計画を作成した。

基本構想策定のため、まず外部組織と庁内組織が結成された。

外部組織は、幅広い声を反映させる形になっている。第一は、「総合計画審議会」で、議員と関係諸団体からの委員と公募委員一三名を加えた三五名で構成。諮問し、町長に答申する役割を担った。第二は、「町民対話集会」の名称によるタウンミーティング。二〇地区ある自治区（現在は一六地区）単位で課題の抽出とその解決策の立案、実行計画の立案の、計三回のタウンミーティングを行った。そして注目すべきは、町民対話集会と総合計画審議会の両方で、寄りあいワークショップの方式で検討がなされたことである。総合計画審議会において寄りあいワークショップが実践されたことは、この種の会議では前例のない出来事である。

第三は、「町民意識調査」で、二〇歳以上の町民一〇〇〇人にアンケート調査を行い、計画に反映させた。第四は、「アドバイザー」で、町ゆかりの著名人などに提案や意見をもらい、集約し、反映させている。

庁内組織は、新町の一体感を醸成する形になっている。第一は、「行政連絡調整委員会」で、教育長と課長職で構成し、庁内策定機関としている。第二は、課長補佐グループによる「ワーキンググループI」で、戦略的事業抽出を担当。第三は、リーダーグループによる「ワーキングループⅡ」で、事務事業の洗い出しを担当。第四は、若手職員グループによる「プランナーチーム」で、課題研究を担当した。

筆者は、ファシリテーターとして、総合計画審議会と町民対話集会の運営指導と監修を行った。

富士川町の総合計画立案では、自治区・総合計画審議会・行政・議会の連携・協働による計画立案、答申、議決、そして自治区住民と行政の連携・協働による計画の実行という道筋がつくられた。まさに、地方自治の最先端の取組みと位置づけられよう。

†総合計画の立案過程

寄りあいワークショップは、地域住民と審議会委員の連携のもと、両者の声を反映させる形で「富士川町総合計画」の策定に向けて取り組んだ。それがどのように進められたか、具体的に見ていこう。

総合計画審議会は、第一回では町長からの委員の委嘱式が行われ、これと並行・連動して、自治区二〇地区での町民対話集会が行われた。第一回は、二〇一〇年一〇月一日から三〇日の間で、「地域の課題、地域をどのようにしたいのか」というテーマで、寄りあいワークショップによって自治区ごとに抱えている課題を浮かび上がらせた（本章扉参照）。

それを受け、企画課職員が、各自治区の重点課題上位一〇項目をもとに二〇地区合計の二〇〇項目を質的統合法（KJ法）でまとめ、町全体としての「町民課題地図」を作成した。

第二回審議会において、町民課題地図を報告し、審議委員の立場から町としてどこを重要視するか、投票によって重要度を浮かび上がらせた。その結果を踏まえ、審議委員の立場から、寄りあいワークショップによって町としての取り組み方と方向性を検討した。班ごとでの意見交換をしたのち、ポストイットに意見を記入。全員で意見地図を作成し、重要度評価を行った。その結果、次のような方向性が示された（写真14）。

第一位（六三点）　医療・福祉の強化

第二位（五九点）　住民の力を引き出す取り組み

第三位（五六点）　自然保護による命の源の水の確保

第四位（五一点）　子育て支援と教育の充実

第五位（四三点）　人口増加対策

注目すべきは、第二位に「住民の力を引き出す取り組み」が重要視されたことである。従来のように行政がどんなに事業を投入しても、住民が力を出さない限り、地域はよくならないと自覚されていることがうかがわれる。

この結果をフィードバックしつつ、「地区の課題を踏まえ、地域としてどのような取り組みをしていくか」をテーマに、自治区で第二回町民対話集会が開催された（二〇一一年二月四日〜二六日）。取り組む内容は、地区が置かれた状況や事情によって違いもあるが、共通点も現れている。ここでの実行の優先度評価結果の上位一〇項目、二〇地区全部の二〇〇項目をもとに、第一回と同様に企画課職員が、町全体としての「町民解決策地図」を作成した。

写真14　総合計画審議会での寄りあいワークショップ

第三回審議会において、町民解決策地図を報告し、委員の立場から町としてどこを優先視するか、投票によって優先度を浮かび上がらせた。その結果を踏まえ、委員の立場から、寄りあいワークショップによって町としての取り組み方の方向性を検討。全員で解決方向地図を作成し、取り組みの優先度評価を行った。その結果、次のような方向性が示された。

第一位（六三点）　防災に強いまちづくりで人口拡大
第二位（五三点）　地域医療体制の強化
第三位（四二点）　教育文化の強化による人口増
第四位（四一点）　区・組を核とした助け合う地域づ

くり
第五位（二九点）　町民自ら健康づくりに取り組む
以上のような町民対話集会と総合計画審議会の検討結果、並びにその他の調査結果を受け、職員が「富士川町第一次総合計画」（案）を立案した。その町からの計画案を受け、第四回審議会において審議。二〇一一年八月一二日に、町長へ答申。その後、九月議会で可決された。
総合計画の骨子は、基本理念、将来像、基本目標に続き、重点施策の柱、並びに施策展開（プロジェクト）として、これまでの検討結果を見事に反映させる形で、次のようになった。

【重点施策】
安心して永住できる地域づくり――地域コミュニティ強化による「自助・共助・公助」の展開

【施策展開（プロジェクト）】
①区や組を核とした助け合う地域づくりプロジェクト
②学校教育や生涯教育の推進による豊かな人材育成プロジェクト
③地域で支える健康づくり・子育て応援プロジェクト
④防災に強く安心して暮らせるまちづくりプロジェクト
⑤地域資源を活かした情報発信プロジェクト

⑥暮らしやすい空間づくりプロジェクト
総合計画を受け、自治区で第三回目の町民対話集会を行い、寄りあいワークショップのステップに基づき、実行計画を立案するに至っている。

†自治区での実行計画の実践

二〇一二年度からは、総合計画のもとで、自治区ごとの実行計画の実践に取り組んだ。この時点では、自治区の人口の少ないところがいくつか統合され、二〇地区から一六地区に変更されている。

自治区の実行を支援するため、筆者は和歌山県の「地域づくり支援員制度」の導入を勧めた。町ではそれを受けて、「地域支援職員制度」を新しく設けた。この制度は、住民からの評判がよく、喜ばれている。

この制度は、これからの地方自治にとって重要な示唆に富む。制度の骨子をそのまま引用する形でここに紹介したい。

「これからのまちづくりは、町民と行政の協働によるまちづくりの仕組みを構築することが不可欠となっています。

中でも、「地域でやるべきこと」「行政の支援を受ければ地域でできること」「行政が進めるべきこと」を明確にして、それぞれの役割と責任を果たし、町民と行政が一緒になって知恵と汗を出し合うことが必要です。

そのために、地域と行政を結びつける〝パイプ役〟として、地域支援職員を配置して、情報や課題を共有しながら、町の活性化と発展を目指すこととします」

そして主な活動として、次の四つを挙げている。

①地区の会議等への出席（区の要請により、必要に応じて出席）――地区の問題や課題の把握と解決策を検討するための情報収集と提供

②地区からの要望等への対応――要望事項の調整・確認や対応状況の回答、関係課への伝達

③災害時における自主防災組織との連絡調整（自主防災配置）――役場との無線による情報伝達、被害状況の把握と報告

④まちづくり地域活動事業の推進と支援（総合計画フォローアップ活動）――地域としてできる活動に対する情報提供

＊次の事項は、活動からは除きます。

①個人的な要望や苦情等の対処

②区などの事務局や会計等の庶務など

自治区の人口数に応じ、四〜七人の職員が配置されている。このような制度があることで、総合計画に裏付けられた自治区の実行計画の実行性が高まる。

その後、一六地区のうち七地区において実行組織が立ち上がった。立ち上がる打率は四割三分。ところが、現在も活動が継続しているところは四地区になっている。

なぜこのような状況になってしまったのだろうか。実は自治区組織と実行組織は分ける必要性がある。このことは和歌山県の経験で学んでいたのだが、富士川町ではそれを怠ってしまったのだ。大きな反省点である。

総合計画に向けて自治区を主体に町民対話集会を行ったが、第二回の審議会では、全地区の区長もオブザーバーで出席し、計画づくりの取り組みは区長との連携がとれていた。そこで町民対話集会だけでなく実行組織の立ち上げも区長のリードに一任してしまった。つまりそこで、実行組織を自治区とは別組織にするよう働きかけるのを怠ったのである。

年度が替わると区長をはじめとした地区役員は交代するのが常である。実行組織の立ち上げを呼びかけた時期が年度を超えてしまっており、それまでの流れが継承されなかった。実行組織が立ち上がった地区も、地区役員が主体となったため、さらに年度が替わる中で、継承がとだえたと推察される。

二〇一五年六月にその後の状況を訊いたところ、活動が継続されている四地区では、いずれも自治区役員が主体ではなく、別の組織として実行組織が立ち上がっている。

たとえば、防災組織の形で実行組織を立ち上げた地区がある。防災長が音頭を取り、高齢者マップの作成や一泊野営訓練など活発に活動をしている。あるいは別の地区では、「中部区活性化を目指す――芋（コガネセンガン）を活用した特産品開発プロジェクト」と題して会則をつくり、実行組織を結成。遊休農地の活用と区民と区内事業所との社会福祉活動、区のPR活動につなげようと取り組んでいる。地区の賛同者は誰でも会員になれ、一口一万円の会費で運営されている。一口あたり五本を目安に本格焼酎「虎王丸」を分配する。会員は、植え付け、草取り、収穫、お披露目会などの活動にできる限り参加するとしている。そして活動を通して知名度を高め、町内での飲食店や酒販店などへの販路拡大も目指している。

以上からおわかりのように、実行組織の立ち上げでは、自治区と別組織にすること、そして実行を支援する地域支援職員制度のような行政支援が不可欠であることが確かめられたのだった。

3　考え方が異なる住民同士の連帯――福島県富岡町災害復興計画

合併後の自治体で住民の一体感を醸成する、という試みを前節では紹介したが、住民同士の考え方がもっと大きく異なる場合はどうだろうか。それを教えてくれるのが、次の富岡町の例である。

†取り組みのあらまし

二〇一一年三月一一日午後二時四六分、三陸沖を震源地とするマグニチュード九・〇の東北地方太平洋沖地震が発生した。これに伴う原子力発電所事故による災害を含めて「東日本大震災」と呼ばれることになった。

富岡町は、第一原発と第二原発に挟まれたところに位置し、両方から五〜一〇キロ圏にある。二〇一五年六月現在、全町が避難対象となっている。二〇一三年（平成二五）三月二五日に警戒区域を解除し、帰還困難区域、居住制限区域、避難指示解除準備区域の三区域に再編されている。

現在は、富岡町をはじめ双葉郡の多くの人が、放射線量が比較的低かったいわき市に避難している。復興事業関連の取り組みも、いわき市内やそこを拠点として行われている。富岡町の役場機能は、郡山市内に置かれており、町民の避難先は、いわき市や郡山市をはじめとした福島県内だけではなく、全都道府県に広がっている。

震災後から二年が経過したある頃、原発被災から避難している人が、筆者の自宅を訪ねてきた。NPO法人とみおか子ども未来ネットワークの代表者とその活動を支援している福島大学の先生である。

彼らは、全国の広域に避難している人たちが抱えている悩みや問題を話し合い、復興に取り組んでいこうと全国七カ所で八回のワークショップを一年間開催してきた。話し合いの内容を記録にとどめてはいるが意見が膨大すぎ、どのようにまとめて生かしていけばよいか悩んでいる。そこで質的統合法（KJ法）でまとめられないか、という相談だった。

地域再生を支援してきた筆者にも、以前から被災者に対して何もできないでいることへの後ろめたさと、そろそろ住民の合意形成支援をせねばならない時期だとの思いがあった。しかし、原発被災という極度に難しい問題であることから足踏みした。それほどに、様々な利害や政治的問題が交錯し、筆者の能力を超える難問だと感じたのだ。

だがKJ法の創案者・川喜田二郎氏から直接に伝承を受けた立場として、この世に貢献しないわけにはいかないと思い返し、支援を引き受けた。その分析結果は、『原発事故広域避難者の発言を用いた質的統合法（KJ法）分析結果から見た問題と構造／今後の対応課題に関する報告書』（国立大学協会「平成二五年度震災復興・日本再生支援事業」、福島大学うつくしまふくしま未来支援センター発行、二〇一四年三月）として世に出されている。

社会学者や弁護士など富岡町を支援する社会学研究会の場で、この結果を報告した。その結果、関係者ができることは何か、寄りあいワークショップによって問題を明らかにしようという会がもたれた。学者や研究者が生き生きと議論し、問題の全体が見え、合意が形成できる姿を目の当たりにした富岡町の企画担当者が、復興に向けた計画づくりの方法は「これだ！」と直感した。ここから、すべては動き出した。

その後、東京都内での打ち合わせに副町長が来られ、正式に「富岡町災害復興計画（第二次）」検討委員会の運営の協力要請を受けた。また、その後の検討委員会の取組みの中で、町長からも「よろしくお願いしたい」と念を押され、責任を改めて痛感した。

災害復興計画（第二次）の立案にあたっては、前事例で紹介した富士川町総合計画立案の取り組みの進め方を基本路線とした。原発被災からの復興という桁違いに難しい取り組みではあるが、地域再生という意味では、住民の内発的な取り組みが基本となり、中山間地域の地域再生と本質的には変わらないと考えたからである。

まずは職員ワークショップによって職員の抱える課題と心の悩みを共有化し、復興に向けた解決の道筋をつくることから着手した。並行して、復興庁の富岡町民を対象とした平成二五年度住民意向調査と町独自の子どもアンケートの自由記述の意見をもとに、質的統合法（KJ法）を用いて分析を行った。いずれも一〇〇〇項目を超える意見数である。これらの内容は、

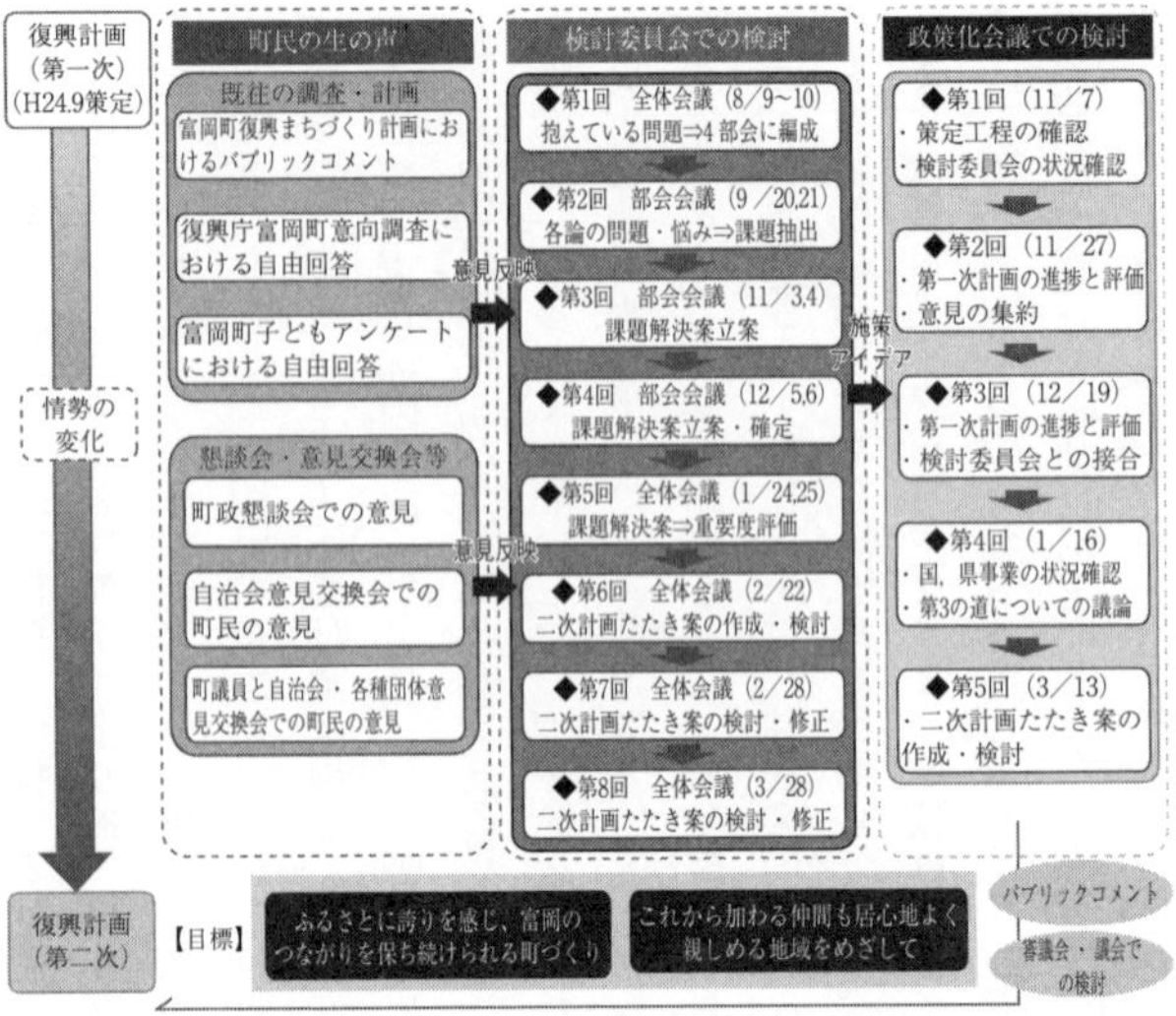

図13　富岡町災害復興計画の検討体制（出典：富岡町第二次災害復興計画概要版）

富岡町の復興支援に最初に関わった福島大学うつくしまふくしま未来支援センターの報告書も含め、次に続く「富岡町災害復興計画（第二次）」の検討委員会の基礎資料となった（図13）。

検討委員会は、町民の公募委員三〇人と職員二六人の五六人で構成された。委員会は九回開催され、第一回が二日間、第二回と三回が四部会に分かれて各半日、第四回と五回が部会と全体会によって二日間の日程となった。ここまでは町民の抱える課題の抽出と課題を解決するアイデア、施策の立案である。筆者を中心にチームを組んで寄りあいワークショップで行った。

その後、第六回から九回では、政策化

会議の災害復興計画の素案作成に基づき、検討委員会の立場から検討した。ここでの運営と政策化会議の支援は、コンサルタントが中心となって行っている。

政策化会議は、有識者として大学の先生、復興庁と福島県の担当者、町職員で組織し、開催された。検討委員会の案の集約、取りまとめに加え、これまでの災害復興計画（第一次）及び復興まちづくり計画の実行評価を行い、現在町が進めている事業等を施策に繰り延べる形で、富岡町災害復興計画（第二次）の素案を作成している。

その後、議会と行政で構成する全員協議会での検討、パブリックコメントを経て、六月議会で「富岡町災害復興計画（第二次）」が正式に可決されるに至った。

今後「実施計画」が作成され、施策・事業の実行が進められることになっている。

†原発事故広域避難者の発言の思い

福島大学うつくしまふくしま未来支援センター発行の報告書によれば、タウンミーティングの主体となった「とみおか子ども未来ネットワーク」は、全国に避難する富岡町民のうち、主に三〇～五〇代を中心とした世代から構成されるネットワーク組織である。メンバーの多くは、子どもや親世代の狭間で苦悩を抱えながら、避難生活の中で様々な決断を迫られてきたという。二〇一二年二月に会員数約一〇〇人の任意団体として発足。現在は、ＮＰＯ法人となっている。

とみおか子ども未来ネットワークは、①「避難生活の本質をしっかり届け（避難生活を）解消」していく、②「健康問題も踏まえた完全なる賠償」を求めていく、③「（自分たちの）未来を、町の未来を構築」していくという三つの理念に基づき活動を展開してきている。

二〇一二年七月から二〇一三年三月にかけて八回にわたり全国各地でタウンミーティングを開催してきた。その声を質的統合法（KJ法）で分析し、「発言者の思い」を浮かび上がらせた。その姿の概要は、次のようであった。

避難者が抱える問題は、いかに生活を再建するかにある。

第一の生活再建の道は「自力による再建の道」である。しかし現実は、「資産・食・住居を取り戻す難しさと人生行路の安心感の喪失からくる閉塞感」に陥ってしまっている。

第一が個人によるアプローチとするなら、第二は社会という意味において第一の対極にある「社会的合意形成による再建の道」である。現実はここでも「機能不全による意に反した現実の出現からくる抗しがたい無力感」に陥っている。

しかしそのような両者の状況があるため、そこからの打開の方向として二つの側面から再建の道を求めることとなっている。

一方の側面である第三は、「為政者の支援による再建の道」で、「賠償問題の確定を前提とした帰還派・移住派・判断つかない派の三本立て支援への期待」である。

他方の側面である第四は、「当事者の協力による再建の道」で、「原発被災からの復興と日本の破滅阻止への取り組み」である。

このような第一から第四までの再建への道のりの状況ゆえに、やがて決断のときがきた際の「ただしい判断への備え」として「信頼できる情報源と情報格差の解消」を求めることとなっている。

以上のような状況の背後には、「不信・不安・恐怖の源」が存在し、「安心できる放射能数値の設定と情報公開の欠落」という問題が常に作用し、避難者の問題状況を増幅させている。

しかし一方には、第五の道として「見切り発車の再建の道」が存在している。すなわち、「異様な活況を呈する〝いわき〟」の状況が避難者の目に映っている。具体的には、避難先からいわきに行くと、市内は病院や交通の混雑が激しく異様な雰囲気になっている、と感じている(避難者に加え、除染作業員や復興に携わる建設業者、企業の人が流入し、復旧・復興拠点となっているため、混雑が激しくなっている)。

避難者は、避難生活の中で以上のような問題状況を抱え込んでいる姿が、分析結果として浮かび上がってきた。一〇〇〇項目を超す生の声を紹介する紙面の余裕はないが、避難者は、五つの再建の道のいずれにおいても打開の道筋が見出せず、精神的に追い込まれてしまっている状況が見て取れる。

†検討委員会の検討過程

筆者のチームは、このような袋小路から再建の打開の道を被災者が自ら見出すことを願い、検討委員会の第一回から五回までファシリテーションを担当した。前述したように、富士川町の総合計画の取り組みに倣い、本書で解説している寄りあいワークショップの手法を用いて行った。

最初は、素性のわからない人が会議の運営をして、いったい何になるのかといささか冷ややかな視線があった。委員の中には行政批判から始める人もいる状況で、前途多難といった思いを抱く場面もあった。しかし回を追うごとに、自分の意見が聞いてもらえる、人の意見が聴ける、という状況が醸成された。第五回の終了時、各委員が感想を述べる場面では、それまで持論の主張ばかりするかの印象を感じさせていた委員から、みんなで見出した解決方向を踏まえ、「住民よ立て!」と呼びかけの声が発せられる状況となったのである。考え方や利害の異なる住民同士の連帯感が醸成された姿そのものであった。

寄りあいワークショップによって、町民の内発的な地域再生の力が立ち上がった確証を得た瞬間でもあった。

ではどのような経過を経て住民同士の連帯感が醸成され、内発的な地域再生力が立ち上がるに至ったのか、その粗筋をたどってみよう。

第一回検討委員会は、二〇一四年（平成二六）八月九日（土）〜一〇日（日）に開催。検討テーマは、「避難者として抱えている悩み、問題はなにか」とした。

初日は、グループ単位で意見交換し、意見カードを記入。全員で意見地図を作成した。二日目は、復興庁富岡町意向調査分析結果ととみおか子ども未来ネットワークのタウンミーティングの声の分析結果を説明し、資料の読み込みをした。このことも踏まえながら、再度グループ単位で意見交換、意見カードの記入、意見地図の追加作成をした。そして、どこが最も重要なのか、全員で投票した。

投票結果を踏まえ、意見地図の意見内容の事柄を四区分し、部会分けと各論のテーマを設定した。それに沿って各委員の所属希望をもとに、次の四部会を編成した。

①情報発信部会
②生活支援部会
③心のつながり部会
④産業再生・創出部会

第二回検討委員会は、九月二〇日（土）〜二一日（日）に、部会ごとに半日を割り振り開催。ここでとくに重視したのは、課題を掘り下げるにあたって、お互いの被災経験を共有しあうことで本音の話ができるようになってもらうことだった。そこで、三・一一から現在に至るまでの各委員の体験経過を、自己紹介の形で語ってもらった。その上で、「避難者として抱えている本質的な悩み、問題はなにか」、課題の掘り下げの意見交換をした。

中には涙を浮かべながら語る人もおり、改めて辛い思いをさせてしまったことに申し訳なさも感じた。しかし、お互いに心のうちを語りあうことで、救われたという表情もうかがえ、安堵したことを思い出す。このような場面を経ることで、委員間の一体感は深まっていった。

課題の掘り下げは、第三回検討委員会（一一月三日〔月〕～四日〔火〕）でも継続し、意見地図の作成と各部会としての重要度評価を行った。

第四回検討委員会（一二月五日〔金〕～六日〔土〕）では、第一回の全体会、第二～三回の部会で明らかにした検討内容をおさらいしたうえで、五つの意見地図（全体会意見地図と四部会の意見地図）のタイトルを素材に、課題の総まとめの意見地図を作成した。加えて、漏れ落ちた課題の点検、挿入をした。

課題の総まとめ意見地図のどこを重要視するか、全員で評価するにあたり、判断材料の参照資料を説明した。一つは、職員ワークショップで作成した課題の意見地図。職員はどのように問題を捉え、何を重視しているか。二つ目は、子どもアンケートの自由記述意見の分析結果。検討委員は大人の視点に偏ることから、子どもたちの目線での問題や悩みを踏まえるよう配慮した。

その上で、①長期的な観点（一〇～二〇年後までの実現を目指す）から重要視する内容と、②短期的な観点（三～五年後までの実現を目指す）から重要視する内容の、二つの角度から重みづけ評価を行った。

評価の方法は、「予備選挙・中間選挙・本選挙方式」と呼ぶ方法を行った。この方法は、合意を促進する上で効果がある。

予備選挙では、評価対象項目全部を対象に、重要度評価を行う。次いで、全投票者が順番に、投票の理由を説明しあう。どこに上位三項目を投票したか明示し、かつなぜそこを重要視したのかの投票の理由、背景を説明する。こうすることでお互いに情報の共有化が起こり、評価観点が広がる。その結果、ある程度重要視する箇所の変更が起こる。

中間選挙では、予備選挙で点数の入らなかったところは投票の対象から外す。互いの理由、背景説明を踏まえて再考し、二回目の投票を行う。次いで再び、全投票者が順番に、演説を行う。上位三項目をどこに投票したか明示し、このように考えるから私の投票したところに賛同してほしい、と説得型の演説を行う。私たち日本人は、この場面でともすると釈明型になってしまいやすい。説得の訓練が必要だと感じる場面でもある。

本選挙では、中間選挙で点数が入らなかったところは投票の対象から外す。そして、最終の投票を行う。

なお投票の対象項目の数が多かったので、七点制を二系列用意し、最も重要視するものを二項目選びそれぞれ七点とする方式を採った。

短期的な観点と長期的な観点からの評価結果、上位五項目は、次のようになった。

【短期的観点の重要度評価】

第一位　年代・家族の状況の変化に対応した個別支援の強化
第二位　移住・帰還・判断つかない派の判断材料となる情報の発信
第三位　情報発信の強化とわかり易さの改善
第四位　帰る、帰らない、わからない人、それぞれの個別対応策の展開
第五位　原発事故を記録、継承するための世界に向けた情報発信拠点

【長期的観点の重要度評価】

第一位　原発被災を吹き飛ばす新たな産業づくり
第二位　三〇年後のビジョンと誇りを継承できる町の姿の提示
第三位　帰還に値する環境づくりの推進
第四位　広域交通基盤の整備
第五位　原発事故を記録、継承するための世界に向けた情報発信拠点

短期的な課題は、目下の避難先での生活が維持できる支援を主軸に、帰還判断に向けた情報を入手しつつ今後の対応を決められる支援をすることである。そして、長期的には、現地富岡での生活再開ができる取り組みが課題だとしている。いずれの観点においても、原発事故による被災の教訓を後世や世界に伝えていくことも課題だとしている。

このように全体会で描き出した重点課題（課題意識）をもとに、部会ごとにどのような手立てで解決していくか、アイデアを案出する意見交換。イラストアイデアカードを作成し、アイデア地図を作成した。

次回の検討委員会までに、追加のイラストアイデアカードの作成を宿題とした。

第五回検討委員会（二〇一五年一月二四日〔土〕～二五日〔日〕）では、部会ごとに、持ち寄ったイラストアイデアカードを追加する形でアイデア地図を作成。さらに意見交換によっても追加した。

次いで全体会に移り、部会のアイデア地図と職員ワークショップのアイデア地図を報告。その上でアイデア地図のタイトルを素材に、総合アイデア地図を作成。加えて、漏れ落ちたアイデアの点検、挿入をした。

総合アイデア地図のどの項目から優先的に取り組んでいくか、評価を行う前に、公共政策の専門家・東京大学大学院の教授から情報提供をしてもらった。これまでの日本の公的災害を受けた事例に学び、どのようなことに住民が配慮して取り組むことが大切かという情報である。
その上で、総合アイデア地図の優先度について、短期的観点と長期的観点から投票評価した。その結果は、次のようになった（写真15）。

【短期的観点の重要度評価】

第一位　未来を見据えた公園を核とした一体的な復興拠点の整備
第二位　避難先町民のニーズ把握
第三位　避難者の自立に向けた支援
第四位　広域的な道路・鉄道交通基盤の整備
第四位　個別支援の強化と見える化

【長期的観点の重要度評価】

第一位　子どもから高齢者まで安心して住める富岡まちづくり
第二位　エネルギーを中核とした産業によるまちづくり
第三位　未来を見据えた公園を核とした一体的な復興拠点の整備
第三位　雇用創出に向けた夢のある産業づくり
第五位　広域的な道路・鉄道交通基盤の整備

当面は、未来を見据えた公園を核とした一体的な復興拠点の整備を足掛かりに、将来的には、子どもから高齢者まで安心して住める富岡町を回復したい。そのためにも、広域的な道路・鉄道交通基盤の整備がいまから将来にわたり必要である。そして目指すは、エネルギーを中核とした産業と雇用創出に向けた夢のある産業づくりである。

写真15　第５回検討委員会：実行アイデアの重要度評価

このような現地富岡の将来の願いを抱きながら、まずもって当面取り組むべきは、避難先町民のニーズを把握しながら自立に向けた支援、個別支援の強化とその「見える化」を進めていくことだとし、それが現実打開の具体的な方向だとしている。

なお、検討委員が案出したイラストアイデアカードは、四三一枚にのぼる。

ここまでをもって、検討委員会による課題と解決アイデアの提言は一応の区切りとなった。このような取り組み過程を経ることで、考え方が異なり、利害関係が錯綜する格段に難しさを伴った原発被災者の復興への取り組みにおいても、寄りあいワークショップは問題解決の解と合意の創造を可能にし、内発的な力を呼び覚ますことができたと捉えている。

†住民と行政の協働による実行計画の立案・実行

検討委員会の課題と解決アイデアの提言を踏まえ、「富岡町災害復興計画（第二次）」の作成は、政策化委員会の手にゆだねられた。その後パブリックコメントを経て、議会で可決された。その結果は、検討委員会の意向と思いがどこまで聞き届けられたか。ここに私見を述べることはできないが、検討委員並びに町民の評価を待つことにしたい。

前節の富士川町の総合計画の例に倣うなら、策定された災害復興計画の裏付けの下で、「総合アイデア地図」で抽出された解決策項目とその内容を構成するイラストアイデアカードをもとに、住民と行政の協働で実行計画を作成することが筋道となる。実行計画では、①住民がやるべきこと、②住民と行政の協働で行うべきこと（どちらが音頭をとるかは明確にする必要がある）、③行政がやるべきこと、を明確にする。それによって初めて、住民（個々人をはじめ、自営業者や企業経営者、各種団体等の組織も含む）は復興の実行主体となることができ、それを行政が支援する構図ができあがることとなる。

住民は確かに原発の被災者、被害者であるが、国や東京電力の責任を責めるだけでは、被害者意識だけが残り、精神的には救われない。責任は責任として明確にし、賠償を求める一方で、住民自らも自立的に再生に取り組んでこそ、復興はかなうのではないかと思う。そのためにも、町、県、国は、住民の内発的な取り組みを支援する必要があるだろう。

一つの例を示したい。

短期的観点からの第二位「避難先町民のニーズ把握」の中に、イラストアイデアカード「お宅訪問、出向いて話そう」というアイデアがある。「容易に出歩くことができない方への御宅訪問。家族に言えない話し、相談、困っていること等、話を聞き、その後のフォローができるように定期的に行う」という内容である（図14）。

タイトル：

『お宅訪問、出向いて話そう』

イラスト（絵・図などで）：

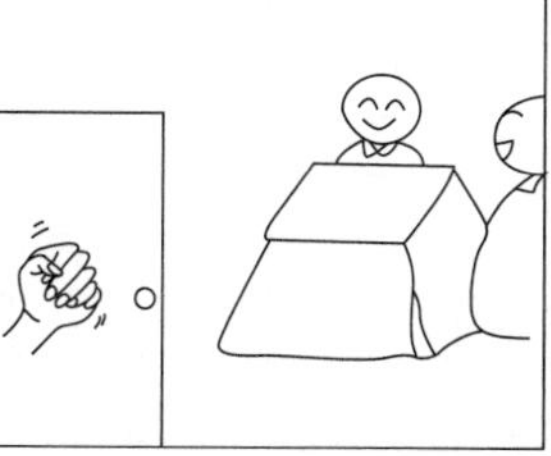

説明文：

容易に出歩くことができない方への御宅訪問。家族に言えない話し、相談、困っていること等、話を聞き、その後のフォローができるように定期的に行う。

作成者：

図14　検討委員会のイラストアイデアカード（出典：富岡町第二次災害復興計画資料編）

これを行政職員が直接行うことは不可能である。訪問者制度をつくって人を雇い、行う方法もある。もちろん住民のボランティア的参画も募るとよい。実行主体は「住民」とし、誰がやるか。住民の可能な人に手を挙げてもらい、登録をしてもらう。訪問を必要として

番号	施策・事業		重要度評価		役割主体				行政窓口	実行者
			短期	長期	町民	協働	町行政	広域行政		
1	施策名									
	①	事業名と解説（アイデアカード番号）								
	②									
	③									
2										
	①									
	②									

図15　検討委員会版実行計画フォームの例

いる人を行政から紹介するか、訪問を希望する人に手を挙げてもらう。両者のマッチングを図ることで、住民相互に復興の取り組みの一翼を担うことが可能となる。支援を受ける人から、自らも支援する人になることで、復興主体になれるのではないか。

　そこで、実行計画の実行主体の欄に、「行政窓口」と「実行者」を加える。そうすることで、住民個々人や組織、団体が実行主体に名乗りを上げ、「実行者」欄に登録が可能となる。実行計画フォームの応用版である。幸い、富岡町では各戸にタブレット端末を配布している。画面上で住民が随時見ることができるようにすれば、実行部隊がどんどん形成していくことも共有化できるだろう（図15）。

　実行計画は、地域再生においては地域住民の当事者がつくることで初めて機能する。その意味では、被災した住民当事者がつくることが不可欠である。断じて従来型の行政主導による実行計画の作成であってはならない。ただし、誰も経験したことのない未曾有の被害が発生している。かつ町外に避難している状況ゆえに、住民主体ではあるが行政が連携・支援してつくることが重要だ。

やや富岡町の個別事例の方法に踏み込みすぎたかもしれないが、他の地域においても、実行にあたっての創意工夫が重要で、かつ多様なやり方が考えられることを理解していただきたい。

東日本大震災の発生から四年半が経過し、多くの人々の意識からは原発事故はなかったかのように忘れ去られつつあるように感じる。あるいは、早くなかったことにしたい、という論調さえ目にするようになっている。しかし原発被災者の抱える問題や悩み、苦悩は、一向に解消されていない。

富岡町の「富岡町災害復興計画（第二次）」の検討委員を主軸とした取り組みが、現実打開の本道になることを願う。

4　教育・福祉からの地域再生——静岡県函南町子育て支援ワークショップ

昨今の地域の危機は、端的に言えば人口減少から生じている。その減少を食い止めるには、まず子どもを産みやすく育てやすい地域づくりの支援が不可欠だろう。そのような子育て支援による地域再生に取り組んでいる地区として、静岡県函南町《かんなみちょう》の例を見てみよう。

†取り組みのあらまし

静岡県函南町は、伊豆半島の付け根に位置し、東は熱海市、神奈川県の湯河原町、西は三島市と沼津市、北は神奈川県箱根町、南は伊豆の国市に接している。温暖な気候で、駿河湾と相模湾の海の幸、肥沃な箱根山麓の丘陵地や田方平野で育った農作物、富士山の伏流水に恵まれ、どこからでも世界遺産の霊峰富士を望むことができる。

人口三万八六六三人、世帯数一万五七七二世帯、年少人口一二・六六パーセント、生産年齢人口五九・四一パーセント、老年人口二七・九三パーセント、の町である（二〇一四年一〇月一日現在）。出生数は三三二人（出生率八・六パーセント）、乳児死亡、新生児死亡〇人（二〇一二年度）である。

二〇一〇年五月に、母親の児童虐待による死亡事件が発生した。町では、検証委員会などで事件の検証と対策を検討し、〝二度と同じ事件は起こさせない〟という考え方のもとに、庁内支援体制の見直しによって、次のような支援体制の強化を図った。

①相談支援業務を担当する職員の増員と専門化（臨床心理士等）

②児童福祉、母児保健、教育委員会などの課を超えた情報の共有化と連携した支援体制の構築

③子育て支援策の充実・強化（家庭訪問型子育て支援事業等）

あわせて、二〇一〇年一二月から翌年の九月まで、有識者による「子育てサポート会議」を開催した。赤ちゃんから青少年まで、連続した函南町の子育て支援策のあり方や地域、住民等の関わりや連携などを協議し、提言を行った。提言の骨子は、次のようになった。

①地域・住民・行政・専門家・学校等の協働と連携

②赤ちゃんから青少年まで、継続した子育て支援施策の展開とその積み重ね

③公立子育て支援センターの設置・運営

二〇一一年九月一六日に、子育てサポート会議から町長が提言を受けた。同日、静岡県の児童虐待検証部会の委員をしていた静岡県立大学の教授から研究と実践の一環として、函南町での子育てワークショップの実施の打診があり、町長はその場で受諾、実施に踏み切った。

これを受け、全庁体制で実施・協力を決定し、子育て支援施設の設置計画や各施策とともに、地域・住民・NPOとの協働を推し進めることとなった。とくに注目すべき点は、子育て支援ワークショップにあたっては、庁内の体制整備に向けて、研修を兼ねてすべての課から職員をワークショップに参加させたことである。子育て中の職員にも、住民の立場から参加してもらうようにした。

ワークショップ参加者は、住民（幼稚園・保育園・小学校・地域）、民生児童委員、NPO、子

優先度の評価順位	アイデア項目	難易度(ABCランク)	緊急度(実現目標)(○印の記入)			役割分担・主体(誰がやるか)(主体者●、協働者○印記入)				着手順位	備考
			短期(1年以内)	中期(2~3年)	長期(4~5年)	子育て当事者	子育て支援ボランティア	幼稚園・保育園	行政		
1	手軽に利用できる巡回バス	A		●		○	●	○	○	7	15
2	子どもたちが思い切り遊べる身近な公園づくり	A			●	○	○	○	●	8	12
3	行きたくなるような公園への改善	B	●			●			○	3	37
4	公園への駐車場の設置	B		●					●	6	17
5	子育て支援施設マップ	C	●			●	○	○	○	1	68
6	高架下を使った世代間交流広場	C		●		○	○	○	●	9	9
7	子育てしやすい歩道の整備	A			●				●	10	6
8	子育て支援センターの充実	C		●		○	○	○	●	2	48
9	子育ての仲間が集える場づくり	C	●			●	○	○	○	4	35
10	生活のなかで子どもを預けられる場所づくり	B		●		○	●	○	○	5	18

表6　函南町子育て支援実行計画
註1）難易度は、A：難しい、B：普通、C：易しい。
註2）役割主体は、●が推進主体、○が連携先。

育てサポーターリーダーなど、四三人である。職員は、子育て世代から管理職、保育士、教諭で、二三人となった。

対象地区は、一つの小学校区をモデル地区とした。

筆者がファシリテーター役を務め、地域再生起動ステップガイドにそって、事前調査と三回のワークショップを行った。さらに、実行組織の立ち上げのワークショップも支援した。その後、実行組織が立ち上がって、実践的な取り組みが起動している。

†住民と行政職員がともに成長する

三回のワークショップの結果、表6のような実行計画が立案された。表の備考欄の数字は、着手順の評価の点数を意味する。着手順位の第一は、「子育て支援施設マップ」づくり、第二位は、「子育て支援センターの充実」の取り組みとなった。

第四回目は、函南町からの要望で実行組織の立ち上げを支援した。通常は住民だけで実行組織を立ち上げるので、行政は支援役として立ち会うことができる。しかし、この取り組みでは、子育て中の職員も住民の立場で実行組織に加わるため、第三者のファシリテーターが必要となり、筆者が支援することとなった。

実行組織のメンバーは、住民側からは第三回までの参加者から七人、新たに参加した子育て当事者二人を加え、九人であった。行政側からは、ワークショップ参加者二三人のうち一一人を住民の立場として実行組織のメンバーに、残り一二人は行政職員としての役割発揮の角度から支援部隊として、引き続き実行ワークショップに参画することとした。

ここで重要なのは、行政職員は住民でもあり、子育ての立場から住民として実行組織に関わるメンバーと、行政職員として本来の役割を果たす部隊に分かれて、実行組織と行政組織の連携を図る仕組みを実行組織に備えた点である。

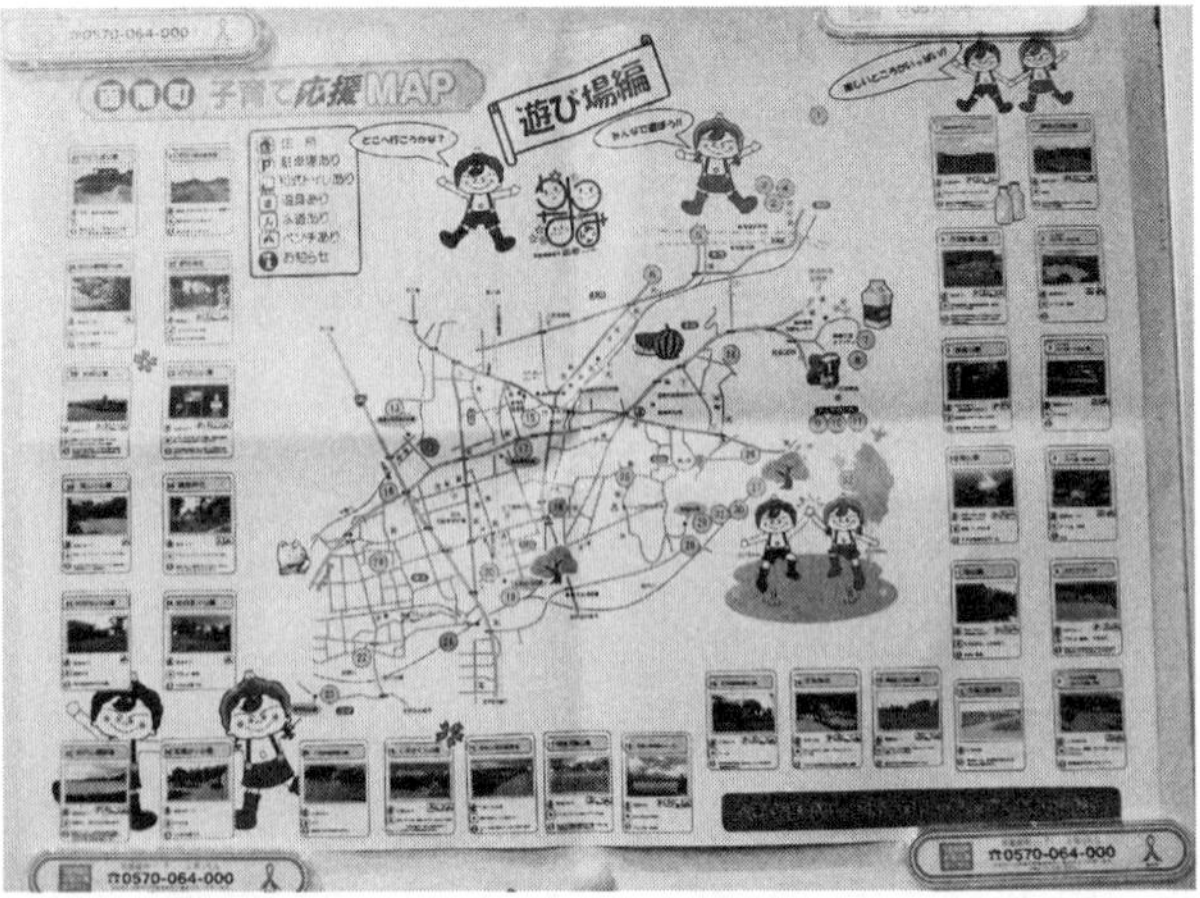

写真16　子育て支援施設マップ

これを受け、「しあわせ応援団」の実行組織名称のもと、実行計画の実現に向けた活動が開始された。折しも、図書館に併設する形で子育て交流センターの建設が始まっており、二〇一二年度は着手順位二位の「子育て支援センターの充実」に向け提言を行うことになった。しあわせ応援団のメンバーによる三回の実行ワークショップで意見を集約し、「子育てのための支援・交流センターの運営や事業等に係る提言書」を作成し、町長に提言を行った。

町では、提言事項の実現に向けて積極的に検討・協議し、運営や管理体制、遊具や備品などの整備などについて、ほぼ提言通りに決定・実施した。しかも通常ではありえないことに、建設が始まっていたにもかかわらず、提言を受けて施設設備の変更（仕様や設備）が行われた。

二〇一三年度は、第一位の「子育て支援施設マップ」づくりに取り組み、メンバーが町内の公園や施設等の現地調査とアンケートを実施。調査資料の整理と施設の利用方法などの検討をして、手づくりのマップの作成にこぎつけている。マップは、病院をはじめとした施設篇と遊び場篇の二種があり、町内外の子育て家庭へ配布している（写真16）。

福島県天栄村《てんえいむら》の子育て担当者とまちづくりコーディネータの二人が、しあわせ応援団の活動を知り、視察研修に来ている。

これを受け二〇一四年度には、函南町と天栄村とのコラボ企画「天栄村で一泊二日の親交流ツアー」が行われた。さらには、実行計画第三位の「行きたくなるような公園への改善」に着手。町内の公園をしあわせ応援団のアイデアと実行力で少しでも親しまれる公園に改善しようと、町内や近隣市町の公園の現地調査が始まっている。

このようなしあわせ応援団の三年間の活動を通して、メンバーは次のように振り返っている。

①しあわせ応援団は、単なる要望団体ではない。自分たちでできることは自分たちで行う。行政にしかできないことはお願いする。そしてお願いしたことは、その後も責任をもってサポートしていく。

②しあわせ応援団と一緒に活動した町職員自身も行政マンとして成長している。

③しあわせ応援団の活動のノウハウを他の行政分野に活かせるとよい。

このように寄りあいワークショップによって、住民と行政職員がともに成長し、さらにその活動の幅を広げようという内発的な力につながっていることがわかる。

このような実践力は、担当部署の厚生部長や子育て支援室長としあわせ応援団代表（子育て当事者）のワークショップの検討結果を受けてのリーダーシップにあると筆者は感じている。その意味でも、ワークショップによる合意形成だけではなく、その後の実践におけるリーダーの存在が重要な意味をもつことを、このケースは改めて教えてくれている。

なお、この取り組みは、日本公衆衛生学会の自由集会で報告されており、二〇一五年度で四回目を迎える。

†住民と行政の連携・協働の拡大

このような実績を踏まえ、町では活動ノウハウを他の行政分野に活かそうと計画している。

国の介護保険制度の改正に伴い、各市町村は、今後三カ年の間に「要支援者向けサービスの市町村移行に伴う各市町村独自の地域支援事業」を構築していかなければならない状況にある。

町では、新たに「地域資源（人・物・行事・心など）を活かした介護予防事業」に取り組もうと計画を始めている。特定の自治会や地域を対象に、地域住民と行政がワークショップ活動により〝ともに考え〟〝ともに行動〟して、地域資源（人・物・行事・心など）を活かした「協働」

による〝健康長寿なまちづくり〟を推進していく事業である。
今後の住民と行政の連携・協働の広がりに期待したい。

5　未曾有の被災から立ち上がる――宮城県石巻市田代島

人口減少の趨勢とともに、いま地方の危機を加速しているのが、東日本大震災をはじめとする災害である。災害で疲弊した地域を再生させるものは、いったい何だろうか。

人間の体には、病からの「自然治癒力」がある。それに相当するものとして、疲弊した地域にも、再生していく「内発力」が住民に備わっている――筆者がそう確信したのが、第三章1節で紹介した、宮城県石巻市《いしのまきし》田代島《たしろじま》の地域再生の取り組みにおいてである。ただし、内発力が発現するには、いくつかの要件が不可欠だということもこの事例から学んだ。

住民の内発的な力の源泉

田代島については、第三章1節で「高齢化率一〇〇パーセント近くでも立ち上がれる」として、初動期の立ち上がりの様子を解説した。その後、二〇一一年三月一一日の東日本大震災で未曽有の被災に直面した。石巻市の本土側は、北上川沿いの大川小学校が避難の方向を誤り、子どもたちに多くの犠牲者を出してしまった。田代島では行方不明者が一人出たのみで、人災は最小限ですんだ。しかし、基幹産業のカキの養殖筏をはじめ、漁具は流され、港は一メートルも地盤沈下し、産業基盤は壊滅的な被害を受けた。

二〇〇三年から二年半にわたり七回の住民懇談会を重ね、寄りあいワークショップは大きな力を発揮して、住民の内発的な力で「猫の島」として立ち上がり始めた。二〇〇八年九月初めに、その後の状況を調査するために田代島を訪ねたときには、平日であったが、港で八組のカップルに出会った。そのうち四組は大学生らしき若者、あとの四組は中高年で、いずれも猫を見に訪れたという。今流に言うなら、猫を見ることで、こころの〝癒し〟を得ようとしているといえる。

その後二〇一〇年には、一万二〇〇〇人ほどが訪れるようになっていた。そして石巻市がこれから本格的に応援しようという矢先の二〇一一年三月一一日に、東日本大震災が発生したのである。

大震災後、若手漁師たちが集まって産業再生に取り組もうと被害総額を計算すると、復興に一億五千万円かかることが判明した。そこで彼らが思い至ったのは、「猫の島で立ち上がったのだから、再び猫にあやかり助けてもらおう」ということだった。二〇一一年六月一〇日にインターネット上に、「田代島一口支援基金にゃんこ・ザ・プロジェクト」を掲載した。漁業や観光による収入減を絶たれた窮地を救ってもらおうと、趣旨は義捐金を集めることでありながらも、投資に近い形での支援基金を立ち上げた。一口一万円の寄付に対して、当座は猫グッズを差し上げる。その後、カキ筏を再生しカキが生育した段階で、一キログラムのカキを差し上げる形で、支援を求めた。

この思いを後押しすべく、わずか二カ月半後の八月二九日には目標の一万五〇〇〇口を超え、最終的には一億五七〇〇万円が集まった。大震災から一年後には、一般社団法人「田代島にゃんこ共和国」として、支援基金を活用しての復興活動を進めている。

寄りあいワークショップで地域再生を支援していた当時は、まさかこのような事態の中で住民が再び立ち上がるとは予想もしていなかった。寄りあいワークショップには、大変な事態のときこそ住民が内発的な力を発揮するようになるような支援力があるのではないかと、改めて教えられた。いわば「自然治癒力」のような、疲弊した地域を再生していく「内発力」が住民に備わっているのだ。

†取り組みの経過と内発力を導く要因

このような内発力を導くことができた要因は、以下の五つだと見ている。住民懇談会（ワークショップ）の取り組みの経過を通して、要因を見てみよう。

第一は、住民の姿勢が行政との関係で、「陳情型」から「自立型」に転換できたことにある。第一回と二回の住民懇談会において、当初、住民が問題として重要視した内容は、次のようであった。

①重要度第一位　医療・福祉の充実
②重要度第二位　巡航船の利便性の悪さ、島の再生を島外の若者に託す
③重要度第三位　漁業の高齢化、島の若者の流出、島外からの移住者の拒否

住民懇談会（ワークショップ）が第三回から五回と回を重ねる中で、「田代島再生三段階の取り組み」が形づくられ、出席者全員の了承・確認事項として意見が一致し、次の再生ビジョンとなった。

①第一段階　仲間を支え合いながら自立した余生が送れる社会基盤づくり
②第二段階　次の定年組が戻るまでの維持
③第三段階　やがては子育てができる島へ

当初の住民の問題意識と比較すると、前者には、住民の実感としてはうなずける内容だが行政への陳情姿勢が透けて見える。それに対して後者には、行政の支援が必要ではあるが、自分たちでなんとかやっていこうという自立的な姿勢が見て取れる。

第二は、上記のような「陳情型」から「自立型」への姿勢転換をもたらすまでに、住民の地域への思いが深まったことにある。逆に言うなら、地域への思いの本質的な深まりがないと、この姿勢転換は起こりにくい。

第四回の席上で、二つある集落の一方の集落の前区長が、次のような示唆に富んだ発言をした。

「島は祖先からの預かりもので、自分たちの世代で使い捨てにしてはいけない。これから後に続く人がやりやすいように、負担をかけないように、みんなで集まって相談していくべきと思う」

このほかに合意形成の深まりを感じさせる発言もあった。これらのような発言が公の席で出るようになると、上記のような姿勢転換が起こるのだと思う。それは、この後に説明する実行の決定事項のところで触れるが、互いに利害をも乗り越える行動を導く力ともなる。

第三は、住民が自分たちの地域の将来ビジョン（田代島再生三段階の取り組み）を一緒につくり出し、共有化できたことにある。加えて、それを実現するために、地元にある資源を使って具体的な取り組みアイデアを住民自ら考え、実行したことにある。

第六回、七回において、地域にあるものを探し、現地・現物・現場を押さえて、暮らし再生のためのメニュー案を発想した。そして実行の優先度をみんなで評価した。表7が、そのベス

記号	あるもの探し	現地・現物・現場	暮らし再生メニュー案	優先度
B	三石の水源水は皮膚病に効能あり、うまい米		風呂利用時の図面の作成、風力でくみ上げ、太陽熱で温泉づくり。 モデル水田での水の利用。	第1位 48点
L	全国でも珍しい猫神社		ペットは猫派と犬派に分かれるが、全国の猫ファンの詣でる神社、招き猫の商売繁盛で詣でる神社に育てる。瀬戸内海の「犬島」（岡山市）と連携・協働の取組み。	第2位 45点
J	過疎化の原因は、田代島に住みたいという人は多いのに、家を売ってもらえないこと。定年組で移住希望者は多い		空き家の破損状況を調査し、空き家地図を作成。空き家を貸したり売ったりしてもよいという人がアンケートでは21人おり、そこからまずIターン者の受け入れの取組みをする。併行して、Uターン者予想スケジュールを作成し、個別帰島プログラムを用意して支援する。	第3位 27点

表7　田代島暮らし再生メニュー評価結果・ベスト3

ト3である。その後、地区の意思決定機関で、優先度評価ベスト3が次のような実行事項として採択・決定された。

①三石水源利用による温泉とモデル水田

②猫神社の活用

③過疎化の打開（空き家対策／UIターンの促進）

実行の優先度評価第一位の「温泉」は、過去にも数回話が持ち上がったが、水源地の所有者から使用許可が得られなかったという経緯がある。住民懇談会に継続的に参加してきた所有者が、土地を使ってもいいと利害をも乗り越える発言をするに至ったのである。

第四は、外の援軍が住民を励ましたこと

にある。島の出身者や若者、マスコミ、市・県・国、草の根的な支援者、などである。

第五回と第六回の間に、拡大交流懇談会を開催した。それまでの議論で、高齢化が進んでいる住民だけでは力が足りないということに思い至り、都市圏に出ている出身者に応援をしてもらおうと、拡大交流懇談会を開催し、支援を取り付けた。一五〇名ほどが集まった。

第六回、七回には、山形県の飛島を支援している東北公益文化大学の学生が、若い目で写真取材し、田代島の宝物探しによって資源写真地図を作成。その上で、活性化のアイデア地図を作成し、情報支援をした。

学生が現地に入ったときに、NHK仙台放送が取材に入り、田代島の取り組みを放映した。その後、民放が続々と話題として取り上げるようになった。その影響で、草の根的な支援者が登場。たとえば、テレビ画面に映った猫神社の注連縄《しめなわ》が貧弱だったからと、定年後に藁工房を始めた人が夫婦でこられ注連縄を寄進。震災前まで毎年寄進してくれたという。猫を見にくる人が増え、全国から、さらには台湾からも来るまでになった。そして、Iターン、Uターンの人が発生するに及んでいる。

市は、平成の合併の選挙で「アイランドプラン」のマニフェストを掲げて当選した市長の下で、交流人口の拡大に向けて事業支援をした。国も地域再生に立ち上がった成功例としてホームページで情報支援をした。

このような援軍に励まされ、住民は内発力をより一層発揮することにつながったと言えよう。

第五は、以上のような要因で内発力が発現していたゆえに、大震災という未曽有の外的要因がさらなる内発力の根源的な力を呼び覚ましたと考えられる。

真に窮地に陥ったときでも、立ち上がる力があることを田代島の人々から教えられた。寄りあいワークショップによって支援し、その後、田代島の人々が内発的に再起していく姿から、上記の五つのポイントを導き出すことができると考えている。

田代島の事例は特別ではない。寄りあいワークショップで支援した和歌山県那智勝浦町色川地区でも、二〇一一年九月の台風一二号の紀伊半島大水害で甚大な被害を受けたが、住民が内発的に復興に向けて立ち上がっている。先に事例で紹介した新宮市三津ノ地区でも同様のことがいえる。

このことからも、住民自らがつくった地域の再生ビジョンと地域にある資源によって具体的なアイデアを出し、それに基づいて実行に移すことの重要性、内発力の重要性がわかる。

大震災後の田代島

二〇一五年五月一八日、仙台と石巻を結ぶＪＲ仙石線は、震災から約五〇カ月ぶりに全線が再開した。七月一二～一三日にかけ、震災後の状況を聞きに田代島を訪ねた。

仁斗田港の正面に建てられた田代島総合開発センターは、一階は冠水したが、二階は浸水を免れていた。二〇〇五年三月に石巻市内で開催された拡大交流懇談会の会場に張り出された住民懇談会の取り組みの経過を語る十数枚のパネルは、その後開発センターに掲示されたが、今回の視察時でもそのまま壁に掲示されていた。住民が議論した内容を図解にしてまとめたものが、そのまま残っている。ここから田代島は「猫の島」として住民の努力で立ち上がっていったのかと、感慨深かった。

一三日の月曜日は平日だが仁斗田港には、若いカップルが三組、若い女性の三人連れ、カメラ越しに猫を見ていた二人連れの中高年の女性、一人旅の若い男性が、猫を見に来ていた。住民の話によると、二〇一五年の五月の連休の三日間とも約六〇〇人を超える観光客が猫を見に来ている。いまでは日本全国だけでなく、ブログなどウェブから情報を得て、中国や東南アジアをはじめヨーロッパなど、世界中から猫を見に来るようになっている。

にゃんこ・ザ・プロジェクトでは、震災後に支援基金を活用して、公衆トイレを再建し、カキ養殖の棚の設置、カキ殻むき工場（国の支援事業で再建、プロジェクトは資金の一部負担）の建設に伴う付帯施設・設備（船台車、高圧洗浄機）整備をしている。

基金支援を募るにあたっては、寄付者にまずは猫グッズを差し上げ、カキが生育した段階で一口につき一キログラムのカキを差し上げるというオーナー制に近い形での義捐金を募った。

寄せられた基金は浄財であり、公的な資金活用を意図して「一般社団法人田代島にゃんこ共和国」を設立し、弁護士や司法書士、税理士の協力も得て、資金管理をしながら運営にあたっている。プロジェクトの理事長をはじめ理事のメンバーは、事務局運営に関わる仕事について経費は別として無報酬で取り組んでいる。

寄付者には、支援の感謝の意を込め、震災一年後に「一般社団法人田代島にゃんこ共和国国民証」を送付。その後二〇一二年九月にお札の猫グッズ「マルチポーチ」と「猫の手ストラップ」を届けている。カキについては、殻をむいて加工品の形で送り届ける作業をしており、六割の人まで進んでいる。あと二年〜三年は時間を要するようだ。

プロジェクトでは、基金支援者へのカキを送り届ける作業が一段落した後は、島の人たちに役立つ活動をしたいとしている。そのためにも猫が元気であることが前提であり、現在推定一八〇匹の野良猫が棲んでいるが、餌とワクチンの確保によって健康に生息できるような活動、ゆくゆくは、獣医の協力も得ながら猫の診療所もつくれたらという。

現在の人口は六〇名ほど。そのうち一五人はIターン者が占めるようになっている。約四分の一である。住民懇談会によって猫の島として再生軌道に入った田代島は、震災後さらに猫を見に来る観光客は増大し、日本全国さらには世界中から人が来るようになっている。まさに追い風の状況である。

しかし、今回の訪問で地元の人やIターン者に話を聞く中で、住民一人ひとりの間に、震災を挟んで復興のあり方に対する心の距離ができてしまったように感じた。震災前まではビジョンを共有して猫の島として連携・協働して活動をしていたからこそ、若手漁師を中心ににゃんこ・ザ・プロジェクトが内発的に立ち上がった。その内発力に多くの学びを得た。しかしその一方では、個々に被災した状況が異なるため、住民一人ひとりの間での考え方や思いの違いも生まれている。震災被害の別の側面である。

それでも、地域再生のために重要なのは、大震災の被害という環境の大きな変化に対して、再度住民が一堂に会し、寄りあいワークショップを開くことなのだ。そこで新たな課題を見定め、地域の資源把握を再度行い、改めて解決アイデアをともに出し合い、共有する。そうすれば、島全体として次のステージに脱皮していくことにつながる。

第四回住民懇談会の大泊地区の前区長の発言の原点に、みんなが立ち戻るとよいのではないか。先ほどの発言をもう一度掲げよう。

「島は祖先からの預かりもので、自分たちの世代で使い捨てにしてはいけない。これから後に続く人がやりやすいように、負担をかけないように、みんなで集まって相談していくべきと思う」

そのような場を設営できるのは、市町村あるいは県の行政である。あるいは、猫の島として立ち上がる基礎を導いた日本離島センターのような、公的で第三者的な立場に立てる機関だろう。

つまり「地域再生は住民・行政・ＮＰＯの協働」という基本が、改めて田代島の事例から見えてくるのだ。

田代島の人々には、猫を見に世界中から押し寄せる人の追い風を無駄にしてほしくない。自分たちで内発的に導いたこの追い風を活かし、震災に負けない地域再生のモデルになってほしいと願っている。

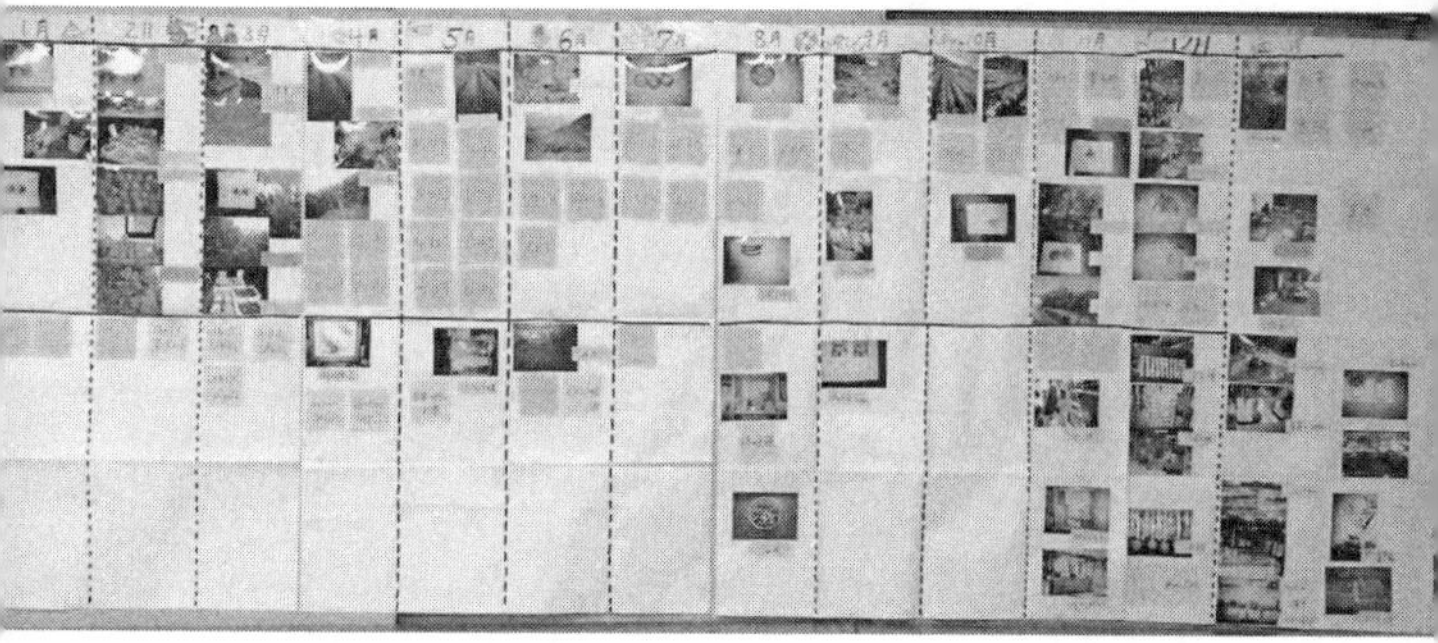

第五章 意味

農産物と農産物加工品の年間暦表（和歌山県紀の川市名手上地区）

1　住民の手で持続可能な地域づくり

　ここまで、寄りあいワークショップを中心とする地域再生の様々な技法と事例を紹介してきた。最後にそれらを振り返りつつ、地域再生の取り組みで本当に大事なこととは何か、本質的な意味とはどこにあるのかについて、考察してみたい。結論から言うと、以下の三点に集約される。①住民の手で持続可能な地域づくりをすること、②地域経営の手綱を取り戻すこと、③経済のグローバル化に見合うローカル化を図ることである。①から順に見ていこう。

†外発型地域開発から内発型地域生成へ

　筆者が二〇年にわたって師事していた文化人類学者川喜田二郎氏は、ネパール・ヒマラヤ地域を研究の主対象にしていた。ネパール人の生活・文化を研究する中で、現地の人々の生活・福祉の向上への思いが強くなり、学者でありながら、海外技術協力に取り組んでいた。筆者も、村落計画の調査と技術協力のため、同行して奥地に赴いたことがある。

　第二の都市ポカラから、二泊三日の行程で、荷物を背負って歩いていかなければならない奥地シーカ谷であった。筆者が同行した調査よりかなり前の学術調査隊で、川喜田氏がこの地に長期間滞在したときのことである。彼は学術調査の過程で住民と懇談するうち、住民の重労働を解決することが、生活・福祉の向上の急所だと見極めた。急峻な山の谷間の対岸から燃料や家畜の飼料用に木の枝を運ぶことと、水源から水を桶に入れて運ぶことが重い負担になっていた。

木の枝を対岸から運べば、広範囲から枝を採取できるようになり、集落周辺の森林から採り尽くすことが食い止められ、自然生態系の保護にもつながることがわかった。しかも生活にゆとりが生まれ、子どもたちが学校に行けるようになるという教育・福祉効果も見えてきた。木の枝を運ぶには、昔日本のミカン山で使っていたロープラインという手立てがある。水を運ぶには、パイプラインという手立てがある。その技術を話すと、住民は目の色を変えたという。

ロープラインもパイプラインも、日本の伝統技術であり、当時の最先端の技術ではない。技術の導入にあたっては、その使い方や利用ルールを住民会議で話し合った。敷設工事でも、日本人の技術者が指導はしているが、住民総出で行った。

一方、多くの海外技術協力は、ともすると現地の事情とは関係なく最新の高度な技術を一律に持ち込み、請負企業が工事まで行って引き渡すやり方をとる。

前者は内発型地域開発のアプローチであり、後者は外発型地域開発のアプローチである。

実は、国内の地域開発も後者が主流となっているのが実態だろう。行政と大学の研究者やコンサルタントといった専門家が連携し、外から地域の資源や環境状況を調査し計画を立案、予算をつけて地域に事業を投入する。しかも国の各省庁のタテ割りに連なる形で、県そして市町村も右に倣え。極端にいえば地域の事情とは関係なく事業が投入されてきた面が否めない。

第一章ですでに分析したが、この結果、住民は受け身となり、陳情型の姿勢が染み付いてしまった。行政側も落とし所（答え）をもって地域に臨まないと、自分たちの役割が果たせないとすっかり思い込んでしまっている。研究者やコンサルタントも自分の専門分野の答えをもって臨まないと、自分の存在意義がないかのごとく錯覚している。

結局、地域の実情とは関係なく先に答えがあり、描いた計画で地域開発をしてきたのがこれまでの実態だ。それは高度成長を成功させ、ある一定の水準まで地域を押し上げてきた。そこまではよかったが、ある時点から逆に作用し、今日の惨憺たる状況を結果として導いてしまった。

いまこそ行政や研究者、コンサルタントは、その姿勢を一八〇度転換せねばならない。住民が主人公で、行政や研究者、コンサルタントは支援者になるという内発的な地域生成論に立たねばならないのだ。

このような考えを提起すると、すぐに出てくるのは、住民からは何も知恵は出てこない。衆愚政治に陥るといった論調である。果たしてそうだろうか。そのような論陣をはる人々が、いまの地域の惨憺たる状況を導いた張本人なのではないか、と問いただしたい。

第一章で見たように、住民は地域の暮らしの専門家である。知恵を発揮する道筋が閉ざされなければ、知恵の宝庫に大変身する。そこからしか日本の地域再生は始まらないといっても過言ではない。

それには住民が自らの地域づくりに立ち上がるほかはない。一〇年先、一〇〇年先、自分たちの地域をこのような姿にしたいという夢とビジョンを描く。腹を決め、旗を揚げる。そして地域経営の手綱をとる。そのような前提に立って初めて、コンサルタントの力が改めて必要になるのである。しかしそのコンサルタントたる行政や研究者の役割は、従来のように主導権を握ることではなく、あくまで支援者としてである。

外発的地域開発から内発的地域生成への転換が、これからの地域再生のカギである。第四章の事例を見ても、そのことは明らかだろう。

†地域資源・伝統文化の再発見

日本のそれぞれの地域には、固有の歴史と伝統文化、生活様式、風習が息づいていた。しかし、私たちは戦後、とくに一九六〇年前後を境に、近代化の名のもとに都市志向が急速に強くなり、営々と継承してきた地元の価値を後進性とみなし、放棄してきた。それに伴い、暮らしを総合的に成立させてきたコミュニティの力までも後退させてきてしまったといえよう。

寄りあいワークショップは、後進性とみなされてきた地元の価値とコミュニティの力の再発見、再創造の場でもある。

和歌山県紀の川市名手上地区。和泉葛城山の南側山麓から流れ出る穴伏川に沿って広がる集落で、柿やミカンなどの果樹の栽培が産業の中心の集落である。過疎化、高齢化が進み農業の後継者も少なくなり、農業の将来に不安が出始めている。

二〇〇九年と二〇一二年の二期にわたって、寄りあいワークショップを行った。二〇〇九年のワークショップで「穴伏川を拠点にB品市を始めよう」が着手順位の一位になった。いわゆる直売所である。ただ、「B品」と銘打つところに、いささか自分たちの産物の価値を低く受け止めている感があった。それゆえか、なかなか実行に向けて立ち上がれなかった。

そこで二〇一二年のワークショップでは、地域資源とくに農産物と農産物加工品の資源探しを中心に据えた。一月から一二月までの農産物と農産物加工品の年間暦表をみんなで作成。写真取材で資源写真を持ち寄り、写真に撮れないものはポストイットに書き出して、暦を整理した。なんと空欄は、農産物加工品の一〇月のみで、あとはすべて欄が埋まったのである。これには住民も支援に入っている行政職員も皆が「これはすごい！」と声をあげた。価値の再発見の驚きである。ワークショップの最後に区長の挨拶で、「一〇〇年後を目指し、やるぞ！」とシュプレヒコールが起こり、全員が拳を振り上げる一幕が生まれた（本章扉写真）。

地域の暮らしの中には、このような食文化をはじめとした伝統文化や様々な地域資源が埋め込まれている。それを「見える化」する機会をつくることで、価値の再発見がおこり、そこに地域に暮らす誇りが生まれる。コミュニティの再発見、再創造につながるのだ。だからこそ、地域再生には地域資源と伝統文化の再発見が不可欠であり、そうした再発見の場として、寄りあいワークショップが重要なのである。

†三世代が暮らせる地域へ

日本は高度成長期以降、「〇〇ニュータウン」「〇〇団地」「〇〇ヒルズ」といった名称で、新たな造成地にまちづくりを行ってきた。そこには一挙に同年齢世代の夫婦が居住し、子育てをし、そして高齢期を迎えつつある。子ども世代や孫世代は同居せず、廃墟化、オールドタウン化が危ぶまれている。

こうした都市圏の状況の一方、地方圏でも少子高齢化現象によって、「限界集落」という嫌な表現で、廃墟化が危ぶまれている。地方都市の中心市街地もまた同様である。

これらに共通する問題は、これまで伝統社会が自然発生的に維持してきた「三世代同居」、あるいはそこまで行かなくとも「三世代が暮らせる地域づくり」が失われたことである。三世代が一緒に暮らすことの重要性を顧みずに、都市の形成が行われ、地方の若者は順次都市圏に移動してしまった。中山間地域は農業という第一次産業のみに産業が単一化し、産業の複合化が起こらなかったため、ますます若者を都市へと追いやることになった。

三世代が暮らせる地域づくりができれば、コミュニティとしての継続性が生まれ、地域社会は暮らしや歴史、文化が継承できる。それが持続可能な地域づくりである。「三世代が暮らせる地域づくり」をコンセプトに、地域住民の内発的な取り組みを支援することが今後とるべき地域再生の道筋だと筆者は考えている。

二〇一〇年の国勢調査によれば、三世代世帯人数が最も多いのは山形県で、一〇〇人あたり三八・〇二人で、三八パーセント。第二位は福井県で三一・一九人、第三位は新潟県、第四位は秋田県、第五位は富山県と日本海側に分布している。第六位以下も見てみると、東北地方に分布していることがわかる。最も少ないのは東京都で、一〇〇人当たり五・二一人である。この数字は共働き率とも正の相関性が高く、三世代同居で祖父母に子どもを見てもらえる環境が女性の社会進出を後押ししているといわれている。

三世代が暮らせる地域をつくるには、農林水産業の第一次産業を基礎にした第二次産業、第三次産業を含む複合産業化による自立経済圏を形成していく必要があるだろう。あわせて、都市と農山漁村地域の交流産業の形成が必要となる。

産業複合化の例として、第四章で紹介した和歌山県の新宮市三津ノ地区が挙げられる。「かあちゃんの店再興」と「かあちゃんの店と農産物をつなぐパイプづくり」、熊野川産品加工組合の加工品製造、そして体験交流型の各種イベントの取り組みには、農林水産業の第一次産業を基礎にした第二次産業、第三次産業を含む複合産業化の原型が見て取れる。このような取り組みが近隣地区で次々と立ち上がれば、それらの地域の連携・協働で自立経済圏を形成することは充分可能であろう。都市と農山漁村地域の交流産業を形成していくことで、三世代が暮らせる地域づくりの道が開けていくことを期待したい。

2 地域経営の手綱を取り戻す

†地域経営と企業経営は違う

地域再生の意味を考えるためには、「地域経営」とは何か、その特性をまず考えなければならない。

企業経営は、資本主義社会という枠組みの中で、あくまで利潤追求を第一義としている。もちろんそれぞれの企業が独自のドメイン（事業の展開領域）をもち、その領域で社会貢献を理念に掲げてはいる。しかしあくまで資本効率、労働効率、生産効率を目指し、利潤を最大にすることがすべての判断基準となっている。そうでなければ厳しい経済競争の中で企業として生き残ることができない。

一方、地域経営は、利潤追求を第一義にしない。企業のようにドメインを限定することもない。地域で人々が暮らしを立てていく過程で発生する様々な問題や悩みを課題とし、それを解決することが地域経営そのものである。それには地域が目指すビジョンが必要であり、住民みんなでそれを明らかにする。そして地域にある資源、必要なら外の資源も活用し、ビジョンの実現に向けて課題解決を行う。それに合わせて、地域に住む一人一人の抱える悩みや問題の解決に役立つ支援も地域経営の領域となる。

一時期、「コミュニティビジネス」という言葉がもてはやされ、多くのセミナーが開かれたりしたが、その実態は筆者にはよく理解できなかった。しかし住民と地域再生に取り組む中で、地域社会の様々な問題や悩みを課題として解決する仕事を、対価を得て行うことが、それにあたるのではないかと考えるようになった。

仕事の対価を得る形で事業を進め、地域経営を行っていくと、ある部分からは企業との市場競争の接点が発生してくる。そこで鍛えられ、地域の事業が成長を遂げたり、衰退したりすることも出てくるだろう。当然プロの力を動員する必要も出てくるし、そうした方向の努力も必要だが、そちらに一直線に走り出すと地域経営から逸脱せざるを得なくなる。つまり、企業との市場競争に一線を画す必要性が出てくるのだ。地域経営は、地域で暮らす人々の暮らしの問題を解決する事業だからである。

そこで自立経済圏構想が意味をなしてくる。自立経済圏を成立させていくには、従来から試みがなされているが、「地域通貨」のような手立ても、これからの地域再生では重要になってくるだろう。筆者にはこの方面の具体的な実践経験がまだないので確かなことは言えないが、いずれ実践的に研究していく必要があると考えている。

なお、ここでいう地域経営の組織は、第二章で述べた自治区組織ではなく、課題解決組織をさす。自治区組織の承認のもとに、課題解決組織が地域経営の手綱をとって、地域並びに地域の人々が抱え込んでいる課題を解決していく――そうした形の地域再生である。

†多業のビジネスモデルの開拓――家族稼業の創出

経営の神様といわれた松下電器産業（現・パナソニックグループ）の創業者松下幸之助は、「社員稼業」という言葉で社員のあり方を説いている。その概念が、松下電器産業の事業部制の発想の原点となった。

社員稼業とは、会社で働く立場であっても、社員という稼業であり、一つの独立した経営体の経営者である、という考え方である。社員が会社に使われる人間であると捉えてしまうと、人に指示されて動かされる一つのコマとなり、意識としても指示待ちになってしまう。仕事をしていても面白くないし、やりがいもない状態に陥る。経営者と同じ立場で、任された仕事に取り組めば、やりがいや生きがいが生まれてくる。

地域再生に取り組む住民一人一人も同じだ。地域のビジョンと可能な限り連携しつつ、このような社員稼業の考え方に立つ必要がある。独立した経営体の経営者に立つのである。しかも、一つの仕事だけではなく複数の仕事で家業が成り立つと考えるべきだ。地域で発生する様々な問題は一つの専門だけで対処できるものではない。多能である必要がある。そこで多業のビジネスモデルの開拓が必要となる。

「半農半X」という言葉がもてはやされたことがあるが、これも多業のビジネスモデルの一つといえよう。日本の伝統社会の暮らしでは、それが生業として当たり前の形だった。

筆者は信州の田舎の農家で育ったが、すでに少し触れた通り、父は農業をしながら冬場は大工仕事に出ていた。まさに今流に言う「半農半X」である。母は子育てと家事、野良仕事、養蚕に従事し、父と一緒に生計を支えていたのである。現在、筆者は山梨県の甲府盆地で暮らしているが、移住して驚いたことの一つに、ミスマッチとでも称せるような多業のビジネスモデルが多く見られることである。酒屋と化粧品販売店、理髪店とレンタカー会社、理髪店と写真館、寿司屋と旅館、履物店と教師、美容院と居酒屋、軽食喫茶と豆腐製造など。いずれも家族で事業を営んでいる。そして暮らしに密着した生業である。

最近では、Iターン者が農家の手伝い、子どもたちの家庭教師、高齢者の買い物や病院への送り迎えといった多業を組み立てて、中山間地域で一家の新しい暮らしのモデルをつくり出しているという話を聞くことが多くなった。

このような「家族稼業」の創業が、地域再生には必要になってきている。そのような流れが太い潮流になってくれれば、やがて多業のビジネスの連携・協働によって、それぞれの地域固有の地域産業が形成できていくだろう。始まった若者の田園回帰の動きを促進するためにも、このような創業支援が重要になると思う。

なお、ここで「家族稼業」の創業と言っているのは、将来において家族をもつであろう若者の生活者単体も含めての意味である。昔から「一人では生活できなくても、結婚して二人なら生活できる」と言われてきた。もちろん生涯独身を否定するものではない。

ここでも力を発揮するのが、男性よりも女性である。女性は、家庭を切り盛りしながら子育てもし、勤めに出たりもする。まさに多業のビジネスモデルを地でいっている。このような意味からも、地域再生の主力は女性にある。もちろん「家族稼業」の創業という意味においては、女性と男性の連携・協働が欠かせない。今後は男性の職業に対する柔軟な思考と奮起が一段と求められる。

†―IT社会と高学歴を味方につける

岡山県倉敷市に、「有鄰庵」というゲストハウスがある。稼働率一〇〇パーセントという驚異的な経営をしている。経営者と何回か仕事をともにし、直接その経営について話を聞く機会があった。また仕事の中で、その経営のノウハウを、宿泊業を営む経営者に指導する場面に同席した。

この有鄰庵で働きたい、修業したいという若者があとを絶たないという。しかも高学歴で、真正面から生き方を模索する人たちのようだ。

有鄰庵に来ている二〇代の若者は、夏はクーラー、冬は暖房、水洗トイレ、といった便利な生活環境に恵まれている反面、近隣や親戚の付き合いといった人と人とのつながりが希薄な生活空間に育ってきた。この、人とのつながりの希薄な社会は、団塊世代をはじめとしたいまの大人たちが目指し、憧れてきたものだ。ところが、いまの若者は、一九六〇年前後の田舎の暮らしに憧れているという。夏は冷房もなくカキ氷を食べ、蚊帳を吊って夜を過ごし、冬は炬燵や火鉢で暖を取る、そして近所付き合いもあるといった暮らしに価値を求めている。一八〇度価値の転換が起こっているのだ。

ゲストハウスでは、宿泊者が、のこぎりでかまど用の木を切る。食事づくりの手伝いをする、といった「手伝い」に憧れ、それができることに喜んでいる。そして「交流したい」という願望が強いというのだ。

倉敷は日本で初めて西洋美術中心の私立美術館がつくられた地で、その大原美術館を含めた美観地区の美しい景観でも知られる。そういった倉敷の文化を世界に発信し、芸術家の交流するまちづくりを目指して、有鄰庵ではゲストハウスを経営している。いまや世界中から若者が訪ね、宿泊をしながら交流をしている。

なぜ世界中から若者が訪ね、稼働率一〇〇パーセントなのか。それはマーケットが「大衆社会」から、「個別社会」に大きく変化したのに対応し、誰にゲストハウスに来てほしいかを明確にしたからだ。これを「ペルソナ（仮定の人物像）」と呼ぶ。たとえば、二七歳の東京芸術大学大学院の卒業生で独身女性。血液型はO型。趣味は、ファッション姿は、食の好みは、などなど、人物像をリアルに描く。調べると現実には該当者が六人いるという。その人のための「私の宿」と言えるものを売りにする。そして、インターネットでこの人に向けて情報発信をする。するとその人がゲストハウスに実際に来るというから驚きだ。そこから、類は友を呼び、「私の宿」を求めて多くの若者が来ることになる。

この事例から学んだことは、次の三点である。

①若者は、私たち大人世代が不便で窮屈な社会として置き去りにしてきた一九六〇年前後の田舎の暮らしに価値を見出しており、そこに憧れて移動し始めている。しかも高学歴者である。

②ペルソナを見定め、地域にある価値を情報発信すれば「私の居場所」を求めて人がやってくる。

③ＩＴ社会のインターネットを介してペルソナを呼び込むことで、類は友を呼び込み、その人材が地域で活躍し、地域再生を軌道に乗せてくれる可能性がある。

すなわち、ＩＴ社会と高学歴者を味方につけ、地域から地域ならではの新たな価値を生み出し発信することで、地域再生の道筋がつくれるのだ。このように、価値の転換に対応した地域経営がいま求められている。

そしてここで述べてきたような取り組みによって、地域住民が地域経営の手綱を取り戻していくことで、地域再生は立ち上がるのではないかと見ている。

3 経済のグローバル化に見合うローカル化

†グローバル経済一辺倒では危うい

以上で、地域再生の意味を考えるには、地域経営の視点が必要であることがおわかりいただけただろう。だが、そこからさらに視野を広げると、経済のグローバル化にいかにローカルとして対応していくべきかという、より大きな問題を避けて通ることはできない。

グローバル化とは何かを考えるために、まず筆者の個人的な体験から、戦後の日本の生活と経済を振り返ってみたい。

筆者は信州の農村地帯で、戦後まもなく生まれ育った団塊世代である。

昭和三〇年代の小学生の頃は、裸足で田んぼに入り、一家総出で、さらに結いによる近くの人との協働で田植えをしていた。お昼は、大きな白いおにぎりとニシンの昆布巻きの煮つけのおいしかったことがいまでも忘れられない。学校も田植え休みや、稲刈り休みがあった。稲刈りのときには子どもたちはイナゴ取りに精を出した。小学校でもイナゴ取り日があり、全校一斉に行い、売った収益金を図書費に充てていた。

春と秋にはお祭りがあり、ご馳走が楽しみだった。夏には集落総出の盆踊り。お盆には、集落対抗の野球大会があり、小学生から大人まで、総動員で試合と応援合戦をした。そのときのアイスキャンディーは格別おいしかった。年に何回かは、公民館や小学校の体育館で映画会が催され、父に連れられて見に行った。時代劇が花盛りだった。

小学校の運動会や学芸会は、家族総出で参加し、母の手づくりの料理を友だちの家族の料理と交換しあいながらみんなで囲んで食べた。

炊事は竈。飲料水は井戸。食器類や調理器具のひどい汚れは、かまどの灰を使って小川で洗ってから井戸水できれいにした。洗濯も手洗いだった。川は汚染されることはあまりなかった。食器類を洗っていた家の前の小川には、鯉やその他の魚が泳ぎ、セリも自生していた。

食料は、肉と魚以外はほぼ自家栽培。味噌も醤油も、近所の家と共同で自家製造していた。家畜は、鶏、ウサギ、ヤギ、豚を飼っていた。ヤギの飼育と乳しぼりは筆者の役割だった。祭りや行事があると、友だちの父親がきて鶏やウサギをさばき、食卓に上がった。

農耕用に、馬や牛を飼う家も多く、水田は親戚の家の牛で耕作してもらってもいた。父親が鋤を使って田起こしを行うことも多かった。大変な肉体労働だった。家畜の糞尿、さらに人糞も肥料として活用されていた。

神社ではお祭りに舞が舞われ、縁日の買い物が楽しみだった。祖父母の代までは、診療所の医者が自宅に往診に来てくれ、自宅で亡くなった。葬式はお墓まで集落の中を行列を組んで見送り、土葬にふした。念仏講も盛んで、母にお供して参加したこともある。

第一章で書いた通り、地方選挙では、大人たちは村総出で選出者を応援し、集落の出入り口を夜通し見張って票が流れる防御をしていた。区の運営は寄りあいが行われ、それぞれの役を担い、行事が行われていた。農家では稲作の水の管理が最も重要で、村から遠く離れた水源に、みな交代で水の見張り番をした。農道の管理も各区の総出で行っていた。

紹介が長くなったが、以上のような農村の状況は一九六〇年前後を境に、大きく変化していった。水田の上をヘリコプターが飛び、除草剤をまく姿が出現。夜空を彩るホタルの舞飛ぶ姿が減っていった。村ではお大尽の家にテレビが入り、大相撲が始まると子どもたちはその家に押しかけてテレビ観戦をした。やがて我が家にもテレビが入り、ラジオを聴く生活から、生活スタイルが大きく変わった。一九六四年、東京オリンピックの年だった。

その後、兄たちは地方の若者の大半がそうであったように、農家を継がずに、昭和三〇年代から始まった集団就職の延長線上で東京へと旅立った。筆者は兄たちを追うように、東京へと赴き、大学、就職と東京圏で生活。妹も同様に東京へ進学、就職をした。そして、高度成長期の真っただ中で社会人生活をしてきた。欧米社会に追いつけ追い越せと標榜し、農業社会から工業化社会へと日本がまっしぐらに走ってきたのである。これに伴って、過疎過密化問題が浮上。一番上の兄と、郷里の他家の長男と結婚した妹は、それぞれ家の跡を継ぐために、その後家族でUターンした。

この間に、筆者が遊び回った農村風景は、さらに大きく変化した。水田の構造改善事業により区画整理され、我が家の水田も大きく形と場所が変わった。川はコンクリート護岸が施され、釣りを楽しんだ川はなくなった。耕作用の牛は農業機械へと姿を変えた。

日本経済は、一九七一年に変動相場制に移行。一九八五年のプラザ合意を挟んで、高度成長の延長線上でバブル経済が始まった。一九九〇年代初めにはバブルがはじけ、のちに失われた二〇年といわれる経済状況に突入。それから立ち直る間もなく、二〇〇八年のリーマンショックにみまわれ、経済のグローバル化の怖さを体験した。そして現在は、工業化社会から情報化社会へ経済の位相が移りつつある中、地方では少子高齢化が加速している。

農村も疲弊してきた。農水省の資料によれば、耕作放棄地が一九九〇年の二一・七万ヘクタールから急速に増加して二〇一〇年には三九・六万ヘクタールと二倍に、耕作放棄率は一〇・六パーセントになっている。統計調査から五年が経過したいま、その比率はさらに高まっていることが予想される。

ここにきてTPP（環太平洋戦略的経済連携協定）の取り組みが進んでいる。その良し悪しについて述べる知見は、筆者にはないが、日本経済がグローバル化一辺倒に走るなら危険だろう。

ところが二〇一五年度に始まった地方創生の事業は、その第一陣が、ばらまき政策と人口ビジョンを描かせ、それに向かって成長路線まっしぐらに走らせようとするものである。まさに経済のグローバル化一辺倒の路線上で動き出しているように見えてならない。

経済のグローバル化とバランスをとる形で、地方再生に向けた経済のローカル化に取り組む必要があるはずだ。もちろん、経済のローカル化と言っても、上に書いたような昭和三〇年代までの、ローカルな世界で完結していた社会を取り戻せるはずもない。では何が可能だろうか。

†ローカル経済で暮らしの安全保障

経済のローカル化を進めるには、地域における暮らしをいかに産業化していくか、そこにかかっている。一定の地理的な経済範囲を自立経済圏として形成していく必要がある。

ところが、暮らしを支える産業にも経済のグローバル化が深く侵入している。スーパーやコンビニに並ぶ商品は、人々が暮らす地域からの調達ではないものが軒並み並んでいる。日本全国レベルの企業や世界各地から調達された原料や商品群で構成されている。カロリーベースの食料自給率三九パーセント、生産額ベースは六五パーセント（二〇一三年度）が、それを見事に物語る。筆者がよく行くスーパーは県内資本だが、野菜コーナーに例をとってみても、農村地帯であるにもかかわらず地元農家のものはほんのわずかであり、ほとんどが県外さらには外国産で埋まっている。ましてや他の商品は、地域外、県外、海外製品といった状況である。

第四章の事例から見るなら、和歌山県新宮市三津ノ地区のかあちゃんの店のレストラン機能をもった直売所と印南町上洞地区の住民のための直売所が、地域における暮らしの産業化の起点機能を担っている。三津ノ地区では、販売に向けた農産物の拡大や加工品開発が進んでいる。上洞地区では、ほんの小さな動きだが、高齢者が日用品を購入するだけでなく、昔つくったものをつくって売ろうと、製品を持ち込む人が出てきている。直売所が、地域住民の交易と交流の場となり始めていた。

このような動きが農産物、農産物加工品から、高齢者の介護サービスや子どもたちの学習塾サービスといったサービス領域も巻き込んで産業化していけば、暮らしの産業化が立ち上がっていく可能性は充分あるだろう。またそのことと自覚的に取り組むことで、経済のローカル化は進展するに違いない。

さらに紀の川市鞆渕地区の商標登録によるアプローチは、自立経済圏をつくる支援ともなる。二〇一四年には、自立経済圏成立の基盤となりうる産地認証制度（「特定農林水産物等の名称の保護に関する法律」）が法制化されている。登録が許可された地域は、産地認証マークをつけることができるようになる。農産物が一律に「国産」という表記ではなくなり、正しい農業を行っている産地のものかどうかが問われる時代になる。鞆渕地区はその道をすでに歩み出している。経済のグローバル化に対応するローカル化の基礎の一つは、ここにあると言えよう。

このような自立経済圏の考え方を本格的に論じ、地域再生にとって大変示唆に富む提言をしているのが、松尾雅彦『スマート・テロワール――農村消滅論からの大転換』（学芸出版、二〇一四）である。著者は、元カルビー株式会社社長で、農家との契約栽培を基礎に農産物の加工品産業化を図ってきた実業家である。

松尾氏によれば、スマート・テロワールとは、「美しく強靭な農村自給圏」であり、水田を畑地に大転換すれば農村は一五兆円産業を創造できるとしている。詳細は同書に譲るとして、「人こそ農村の最大の資源」だとして、人を活かすために次の三つが必要だという。

「①政府が地域の市民を愚民化しないこと。農村部に生きる人は、政府の施策に依存せずに自らの地域の将来を自分で描くこと。

②地域住民が賢い消費者になって自給圏構築に参加すること。市町村の行政もピラミッドのなかから抜ける努力をすること。

③スマート・テロワールに外から元気な人を呼び込むこと。

スマート・テロワールとは、農村が目指すべき新しい共同体の形です。地域内においての消費者側が供給者の活動に手を貸すことで生まれる将来の自給圏です。

スマート・テロワールを支えるのは村を離れて都会に出て行った人、食品会社をリタイアして田舎で貢献したい人、若い農村志望の人たちです。

そして彼ら住民の意識を変えるためには、三〇年先のビジョン（将来像）をつくり、それを世の中に宣言することが必要です」（同、五七〜五八頁）

二〇年来、地域再生に取り組んできた立場からは、全く同感である。この考え方は、本書で述べてきた寄りあいワークショップが地域再生で目指してきたことと全く重なる。

さらに松尾氏は、コーネル大学農学部生命科学学部のトーマス・ライソン教授（一九四八〜二〇〇六）の著作『シビック・アグリカルチャー――食と農を地域にとりもどす』（北野収訳、農林統計出版、二〇一二）を引用しながら、次のように述べている（『スマート・テロワール』、八〇〜八一頁）。

まず、先に挙げた人を活かす三カ条の第一の「政府の施策への依存」から自立へと転換する枠組みこそが、「シビック・アグリカルチャー」だとする。それは、「地域の資源に依拠しながら、地元の市場と消費者に仕え、経済的、環境的、社会的に持続可能な農業と食料生産のシステムを具現するもの」（『シビック・アグリカルチャー』、一六二頁）であり、「農家と食と地域社会をつなぎ直す変革のための手段」と定義される。そのための「新しい社会の青写真は現場から生まれる」（同、一六三頁）ものであり、決して中央から与えられるものではないと警告している、としている。

加えて、ライソンで注目すべきは、「シビル・アグリカルチャーを形成し支える事業体は、それ自体が地域社会の問題解決能力の一端を担っているということである」（同、九六頁）としている点にあり、先に述べた筆者の地域経営の考え方と共通する。

そして、「地域社会はグローバル・フードシステムの生産物に対するオルタナティブを作り出すことができ、それによって農家や加工業者は、地域市場において、高度に産業化した国際的に組織化された企業的フードシステムに打ち勝つことができるようになる」（同、一六四頁）とし、シビック・アグリカルチャーはグローバル化への対抗手段であることをライソンは鮮明にしている――そう松尾氏は紹介する。

シビック・アグリカルチャーという考え方でどこまで経済のグローバル化に対抗できるかは未知数だが、アメリカ農業の研究者の中からも、経済のローカル化によってグルーバル化とのバランスをとろうとする同様な考え方が出てきていることに注目したい。

地域経営による自立経済圏の方向に地域での暮らしの安全保障を確保していく道筋が、このように考えられているのだ。

†人口減少社会の豊かな暮らしとは何か

グローバル化に対抗してローカル化を推し進めるだけでなく、そもそも人口減少が前提となっている社会では、真の豊かな暮らしの姿とはどのようなものなのかを見据えなければならないだろう。それを教えてくれるのが、「里芋」で地域再生が立ち上がった和歌山県田辺市龍神村の人たちである。

地域再生に立ち上がったと言っても、人口は、二〇〇八年に四二〇〇人、二〇一四年に三六六五人と、六年間に六〇〇人ほど減少するという厳しい状況が続いている。地区は、日高川の一番奥地に位置し、日高川町の中心地から車で五〇分ほどかかる。日本三大美人の湯の一つとして有名な、龍神温泉がある。

二〇〇八年と二〇一二年に寄りあいワークショップを開催。「里芋」を起点に、次のような構図で地域再生の取り組みが進んでいる（図16）。

【龍神村に見る地域再生の原型モデル】

①コンセプト――「龍神村」をなくしたくない⇒「龍神村」ブランドの構築（ビジョン）

②地域にあるモノ・コト（起点）――里芋（黒づる品種）は煮て食べるとおいしい（価値）

⇓里芋焼酎、里芋コロッケ、里芋汁、イベント、アート、霜降りゆずのコンフィチュール（砂糖漬け）＋∞（新しい価値の創造）

③推進力――地元住民・Uターン者・Iターン者の協働（伝統と革新の連携、異質の連携）

龍神村は田辺市に合併される前にあった村で、地域が広域に広がっている。最初の寄りあい

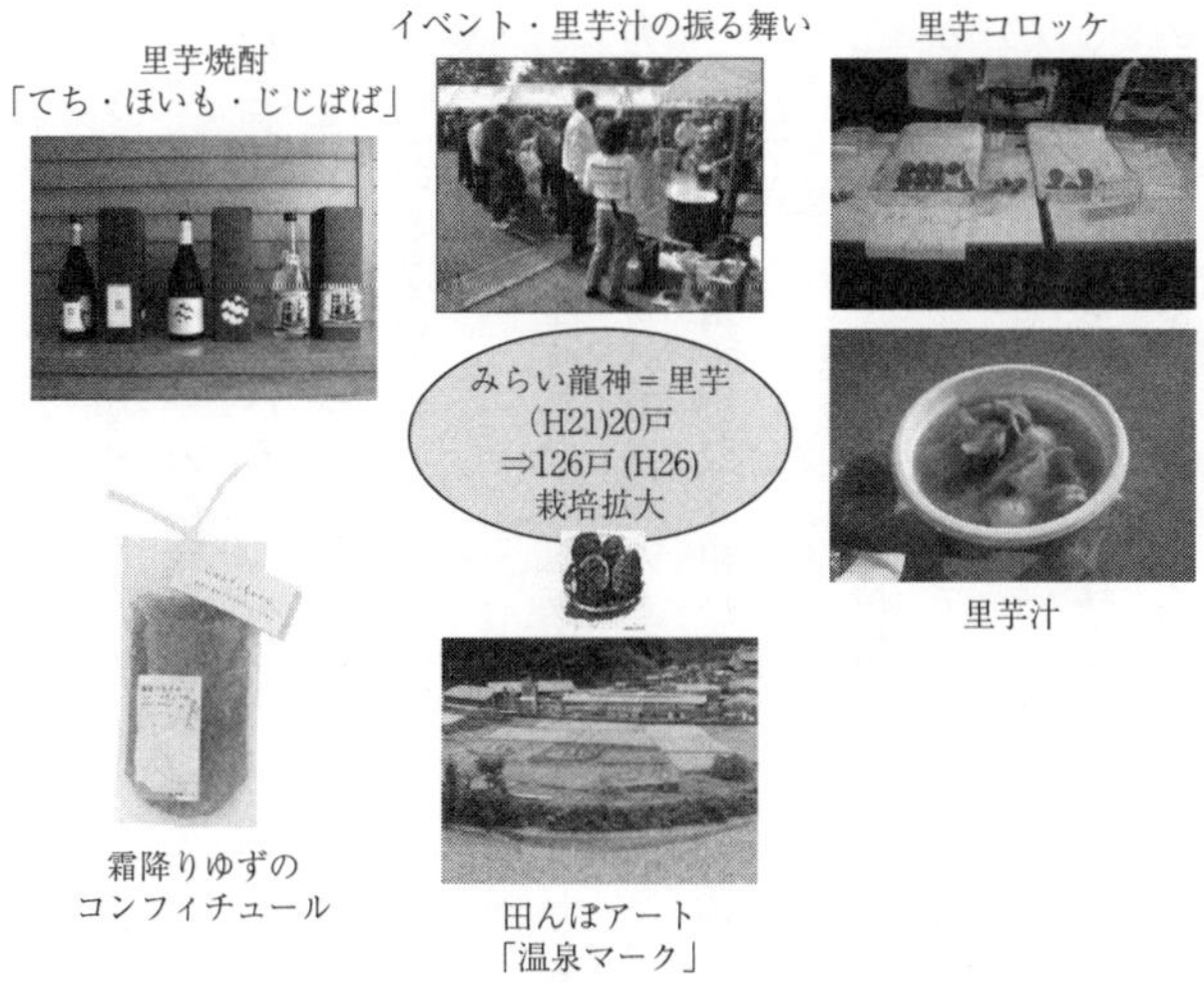

図16　龍神村にみる地域再生の原型モデルイメージ（提供：和歌山県、龍神は〜と）

ワークショップでは、三地区に分かれて行うことを提案したが、拒否された。「龍神村」としての一体感から、村をなくしたくないということで、全域を対象に行った。まさにここにコンセプトがあり、「龍神村」ブランドの構築がビジョンとなった。

　意見交換をする過程で、「龍神村の里芋は煮て食べるとおいしい」ことが話題となり、そこに価値を見出した。そのモノとコトが起点となって、里芋の焼酎をつくったらおいしいのではないかというアイデアが生まれ、商品化の運びとなった。そこから里芋の焼酎と地域を宣伝しようとイベントが企画され、里芋コロッケと里芋汁を振る舞う。それ自体も商品化していくことになった。

さらには、中高生や和歌山大学の学生を動員して、田んぼアートと銘打って日本三大美人の湯の「温泉マーク」の模様を稲の品種を利用して描いた。今後温泉マークに何かプラスしようかと考えているという。このほかにも「ゆず丸ごと加工」の実行計画のアイデアをもとに、霜降りゆずのコンフィチュールを製品化し、伊勢丹のI-online（インターネット販売）で発売している。このようにさらに新しい価値を創造していくことで、地域再生が前進することを期待している。

この活動の推進力は、地域住民とIターン者、Uターン者の協働であり、伝統の力と革新の力の連携、異質の連携が力となっていると言えよう。活動組織は「みらい龍神」である。

ここに地域再生の取り組みの構図の「原型モデル」を見出すことができる。

活動がスタートした二〇一〇年には、二〇戸の住民が里芋の栽培に参加。二〇一四年には一二六戸まで拡大している。焼酎の原料にするにあたり、里芋の皮をむく作業がある。二トン半から三トン。これを三日間で行う。龍神村は地域が広いが、いろいろな人に声をかけると、三〇代から八〇代の人まで集まってくれる。作業場の横に飴やチョコレート、お菓子を置いておくが、「そんなにたくさん食べて大丈夫かと心配するくらいすべてなくなる」と、みらい龍神の会長は笑顔を浮かべながら語ってくれた。

もちろんみんな食べながら、しゃべりまくりながらの作業である。作業中の一人が、会長に次のような話をした。

「いま地域で、こういう形で集まって井戸端会議する場面というのがないんです。ここへきたら楽しい。あんた元気やったかい、という形で話ができる」

地域の過疎化が進んでいるが、しゃべったり、いろいろ作業して動いたりすることで元気になる。里芋の皮むき作業を「仕事」としてするのではなく、「行ってあげようか」と言って来てくれる。そのことがすごいと、会長は話す。

ここにこそ、人口減少社会の豊かな暮らしの姿を見ることができる。

ただ、地域が広いこともあって、高齢者が多く集まってもらうのも大変になっている。現在はIターン者が推進の中心になり、里芋の栽培に加わっている住民と連携しながら取り組んでいる。加えて、龍神村の行政局の職員の力も大きな助けになっている。今後、龍神村全体で、「どこでも里芋をつくっているよ」という状態にしたいと思いながら、一ミリでも前進できればと苦戦しつつも奮闘している。

龍神村の取り組みは、地域再生モデルの原型を示していると同時に、人口減少社会の豊かな暮らしの姿を示してくれている。そして和歌山県での一〇年間の取り組みは、再生軌道入り五割を超えるまでになっている。このように、寄りあいワークショップは、地域再生の軌道入りを可能にし、その定式化まで達成できているのだ。

✝新たな地域再生の段階へ

ここまでの実践を踏まえ、寄りあいワークショップを中心とした地域再生の「和歌山方式」は次のような、新たな段階を迎えている。

Iターン者が人口の四割を超える（二〇一五年四月現在）和歌山県那智勝浦町色川地区。マスコミにIターン先進地として数多く取り上げられる地区である。二〇〇六年と二〇〇七年の二期にわたって、寄りあいワークショップを行い、「色川丸ごとブランド化」で地域再生に立ち上がった地区である。

色川地域振興推進委員会の会長は、上記の龍神村のような成功例を踏まえて、地域再生に取り組んでいる地域は、単独で取り組むのではだめだ、と言う。単独では息切れしてしまう。色川地区についても同様で、色川地区だけで取り組むのではなく、和歌山県で地域再生に取り組んでいる五二地区が連携し、住民主体の地域づくりの気運、うねりをつくり出すことが必要だという。

そのような社会的な気運を追い風に、担い手の人材を呼び込み、仕事起こしをしていくことが地域再生につながるし、これからの地域再生はそこにかかっているという。色川地区にも総務省が進める地域おこし協力隊員と集落支援員が入って、地域再生の大きな力になっている。全国に派遣されているこのような人材が、寄りあいワークショップの考え方と手法を身につけ、活動を展開していくことができれば、社会的な気運を生み出すことになるだろうし、そうあってほしいと色川地域振興推進委員会の会長は語った。地域再生の次の新たな課題はまさにそこにある。

農水省には「地域おこし協力隊」(二〇一四年度までは「新・田舎で働き隊」、二〇一五年度から「地域おこし協力隊」となる)、文科省には戦後地域づくりの拠点として始まった公民館活動を進める人材が地域に存在する。国土交通省は、「小さな拠点づくり」に取り組んでいるが、ワークショップを基盤として進めようとしている。そこでもファシリテーションの技術が必要となる。そのような人材も含め、目下国が進めている地方創生には、住民主体の地域づくりの気運、うねりを生み出す牽引力、人材養成を期待したい。あわせて、地域住民の自発的な取り組みを、事業でしかも単年度で縛るものではなく、それを励まし、創造性を支援するものでもあってほしい。

一九九〇年代以降の「失われた二〇年」は、一般に言われているような単なる失政による経済成長の停滞ではなく、明治以降の近代化路線が行き詰まった二〇年なのである。しかし国は従来の経済成長政策の一環として、地方創生に本腰を入れようとしている。その姿勢には一定の政治的な意図があるだろうが、本質的には明治以降の近代化路線の転換が必要なのだ。その転換の方向は、日本文化の伝統の再生による地域再生、ひいては新たな日本文化の生成に向かうしかない。だからこそ、地域住民主体の、そして各地域固有のビジョンと資源に基づく地域再生でなければならないのだ。

それによって初めて、経済のローカル化を果たしつつ、国内のみならず真の意味でグローバルに開かれた、文化・交流産業の発展も望めるようになるだろう。

おわりに

本書は、二〇一〇年に地域再生の実践篇として世に送り出した『住民・行政・NPO協働で進める 最新 地域再生マニュアル』（朝日新聞出版）との姉妹篇である。その後の五年間の実践経験を踏まえ、より普遍的な地域再生の原理と方法論として再整理し、地域再生の第一線で取り組む人々の入門書となることを願って著したものである。

折しも「地方消滅」の論調が登場し、その延長線上と思われるような国の事業の「地方創生」が、二〇一四年度から動き出した。そこにあるのは、知識と計算に根拠を置く、現場の生活者軽視の机上論である。しかし国も一枚岩ではない。内閣府地方創生本部や総務省は、二〇一五年になって和歌山県の寄りあいワークショップによる地域再生の取り組みに関心をもたれ、筆者自身がヒアリングや勉強会に招かれる場面も出てきている。

そのような機会を導いてくださったのは、『農山村は消滅しない』（岩波新書、二〇一四）の著者、小田切徳美氏（明治大学農学部教授）である。単に国の取り組みを批判するのではなく、真に地域再生を導く基本哲学と具体的な方法論を提示することの必要性を感じていた筆者にとって、多くの人に役立つ情報発信の機会を得たことは、有益であった。この場を借りて改めて小田切教授に感謝の意を表したい。

地域再生の「和歌山方式」とも言える寄りあいワークショップが、現在のように他の地域にも汎用性をもって使えるまでに磨かれたのは、和歌山県むら機能再生支援事業を一〇年間にわたりともに取り組んできた、福井隆氏（東京農工大学客員教授）の強力な支援があってのことである。またこのような機会を提供してくださった農業農村整備課の職員の方々の熱意ある取り組みと支援にある。

そしてなによりも、事例で紹介しまた紙面の関係で紹介できなかったが、地域再生に向けて真剣な取り組みをされている住民の人々とそれを支援している行政職員、ＮＰＯの人たちの実践の姿があったからである。加えて、第四章の事例の掲載にあたっては、関係者に内容の確認の労をとっていただいた。

とくに原発被災地である福島県富岡町の災害復興計画（第二次）検討委員会の取り組みにあたっては、多くの困難な状況の中で、寄りあいワークショップのファシリテーターとして、以下の方々がともに取り組んでくださった――石戸康弘（明星大学非常勤講師）、佐藤彰彦（高崎経済大学准教授）、松薗祐子（淑徳大学教授）、宗形憲樹（メディアクラフト代表）。

本書を世に送り出せるご縁をつくってくださった、とみおか子ども未来ネットワーク理事長の市村高志さん、編集を担当してくださった筑摩書房の松田健さんのお力添えにも感謝したい。

私事になるが、妻喜久子と子どもたちの家族の支えがあったことも申し添えたい。

最後に、すでに他界された恩師川喜田二郎先生に、これまでのご指導への感謝を込めて、本書を世に送り出したいと思う。

山浦晴男

二〇一五年秋　甲府盆地・情報工房にて

参考文献

赤坂憲雄（二〇〇九）『東北学／忘れられた東北』講談社学術文庫
稲垣文彦ほか著、小田切徳美解題（二〇一四）『震災復興が語る農山村再生——地域づくりの本質』コモンズ
今西錦司（一九七二）『生物の世界』講談社文庫
岩佐礼子（二〇一五）『地域力の再発見——内発的発展論からの教育再考』藤原書店
宇沢弘文（二〇〇〇）『社会的共通資本』岩波新書
内山節（二〇〇五）『「里」という思想』新潮選書
大前研一（一九八五）『企業参謀』講談社文庫
小田切徳美（二〇一四）『農山村は消滅しない』岩波新書
かみえちご山里ファン倶楽部編著（二〇〇八）『未来への卵　新しいクニのかたち——かみえちご山里ファン倶楽部の軌跡』かみえちご地域資源機構
川喜田二郎（一九七七）『ひろばの創造——移動大学の実験』中公新書
川喜田二郎（一九九三）『創造と伝統——人間の深奥と民主主義の根元を探る』祥伝社
小菅正夫（二〇〇六）『〈旭山動物園〉革命——夢を実現した復活プロジェクト』角川ｏｎｅテーマ21

小林達雄（一九九六）『縄文人の世界』朝日選書
ジェイン・ジェイコブズ、中村達也訳（二〇一二）『発展する地域　衰退する地域――地域が自立するための経済学』ちくま学芸文庫
澁澤栄、福井隆、正林真之（二〇〇七）『地域の生存と農業知財』公人の友社
白水智（二〇〇五）『知られざる日本――山村の語る歴史世界』ＮＨＫブックス
正光会編（二〇一二）『精神障碍者の居住福祉――宇和島における実践（２００６―２０１２）』東信堂
神野直彦（二〇〇二）『地域再生の経済学――豊かさを問い直す』中公新書
千賀裕太郎編（二〇一二）『農村計画学』朝倉書店
田口洋美（二〇〇一）『越後三面山人記――マタギの自然観に習う』農山漁村文化協会・人間選書
冨山和彦（二〇一四）『なぜローカル経済から日本は甦るのか――ＧとＬの経済成長戦略』ＰＨＰ新書
Ｐ・Ｆ・ドラッカー、上田惇生訳（二〇〇二）『ネクスト・ソサエティ――歴史が見たことのない未来がはじまる』ダイヤモンド社
西田幾多郎（一九七九）『善の研究』岩波文庫
久繁哲之介（二〇一〇）『地域再生の罠――なぜ市民と地方は豊かになれないのか？』ちくま新書
日高昭夫（二〇〇三）『市町村と地域自治会――「第三層の政府」のガバナンス』山梨ふるさと文庫
藤波匠（二〇一〇）『地方都市再生論――暮らし続けるために』日本経済新聞出版社
保母武彦（一九九六）『内発的発展論と日本の農山村』岩波書店
松尾雅彦（二〇一四）『スマート・テロワール――農村消滅論からの大転換』学芸出版社
松下幸之助（一九九一）『社員稼業――仕事のコツ・人生の味』ＰＨＰ文庫

増田寛也編著（二〇一四）『地方消滅――東京一極集中が招く人口急減』中公新書
増田寛也・冨山和彦（二〇一五）『地方消滅――創生戦略篇』中公新書
水柿大地（二〇一四）『21歳男子、過疎の山村に住むことにしました』岩波ジュニア新書
宮本常一（一九八四）『忘れられた日本人』岩波文庫
藻谷浩介、NHK広島取材班（二〇一三）『里山資本主義――日本経済は「安心の原理」で動く』角川oneテーマ21
山浦晴男（二〇一〇）『住民・行政・NPO協働で進める 最新 地域再生マニュアル』朝日新聞出版
山下祐介（二〇一二）『限界集落の真実――過疎の村は消えるか？』ちくま新書
山下祐介（二〇一四）『地方消滅の罠――「増田レポート」と人口減少社会の正体』ちくま新書
山下祐介、市村高志、佐藤彰彦（二〇一三）『人間なき復興――原発避難と国民の「不理解」をめぐって』明石書店
山下祐介・金井利之（二〇一五）『地方創生の正体――なぜ地域政策は失敗するのか』ちくま新書
山本薫子、高木竜輔、佐藤彰彦、山下祐介（二〇一五）『原発避難者の声を聞く――復興政策の何が問題か』岩波ブックレット
吉本哲郎（二〇〇八）『地元学をはじめよう』岩波ジュニア新書
トーマス・ライソン、北野収訳（二〇一二）『シビック・アグリカルチャー――食と農を地域にとりもどす』農林統計出版
渡辺京二（二〇〇五）『逝きし世の面影』平凡社ライブラリー

ちくま新書
1151

地域再生入門《ちいきさいせいにゅうもん》
——寄《よ》りあいワークショップの力《ちから》

二〇一五年一一月一〇日　第一刷発行

著者　山浦晴男（やまうら・はるお）

発行者　山野浩一

発行所　株式会社　筑摩書房
東京都台東区蔵前二-五-三　郵便番号一一一-八七五五
振替〇〇一六〇-八-四一二三

装幀者　間村俊一

印刷・製本　三松堂印刷　株式会社

乱丁・落丁本の場合は、左記宛にご送付下さい。
送料小社負担でお取り替えいたします。
ご注文・お問い合わせも左記へお願いいたします。
〒三三一-八五〇七　さいたま市北区櫛引町二-六〇四
筑摩書房サービスセンター　電話〇四八-六五一-〇〇五三

ISBN978-4-480-06864-4 C0231

ちくま新書

1150
地方創生の正体
――なぜ地域政策は失敗するのか
山下祐介
金井利之
「地方創生」で国はいったい何をたくらみ、地方をどう支配しようとしているのか。気鋭の社会学者と行政学者が国策の罠を暴き出し、統治構造の病巣にメスを入れる。

1100
地方消滅の罠
――「増田レポート」と人口減少社会の正体
山下祐介
「半数の市町村が消滅する」は嘘だ。「選択と集中」などという論理を振りかざし、地方を消滅させようとしているのは誰なのか。いま話題の増田レポートの虚妄を暴く。

941
限界集落の真実
――過疎の村は消えるか？
山下祐介
「限界集落はどこも消滅寸前」は嘘である。危機を煽り立てるだけの報道や、カネによる解決に終始する政府の過疎対策の誤りを正し、真の地域再生とは何かを考える。

995
東北発の震災論
――周辺から広域システムを考える
山下祐介
中心のために周辺がリスクを負う「広域システム」。その巨大で複雑な機構が原発問題や震災復興を困難に追い込んでいる現状を、気鋭の社会学者が現地から報告する。

1059
自治体再建
――原発避難と「移動する村」
今井照
帰還も移住もできない原発避難民を救うには、江戸時代の「移動する村」の知恵を活かすしかない。バーチャルな自治体の制度化を提唱する、新時代の地方自治再生論。

1129
地域再生の戦略
――「交通まちづくり」というアプローチ
宇都宮浄人
地方の衰退に伴い、鉄道やバスも消滅の危機にある。再生するためには「まち」と「公共交通」を一緒に変えるしかない。日本の最新事例をもとにその可能性を探る。

853
地域再生の罠
――なぜ市民と地方は豊かになれないのか？
久繁哲之介
活性化は間違いだらけだ！　多くは専門家らが独善的に行う施策にすぎず、そのために衰退は深まっている。このカラクリを暴き、市民のための地域再生を示す。

ちくま新書

1027
商店街再生の罠
――売りたいモノから、顧客がしたいコトへ
久繁哲之介
「大型店に客を奪われた」は幻想！　B級グルメ、商店街を利用しない公務員、ゆるキャラなど数々の事例から、商店街衰退の真実と再生策を導き出す一冊。

992
「豊かな地域」はどこがちがうのか
――地域間競争の時代
根本祐二
低成長・人口減少の続く今、地域間の「パイの奪いあい」が激化している。成長している地域は何がちがうのか？　北海道から沖縄まで、11の成功地域の秘訣を解く。

1135
ひらく美術
――地域と人間のつながりを取り戻す
北川フラム
文化で地方を豊かにするためにはどうすればいいのか。約50万人が訪れる「大地の芸術祭　越後妻有アートトリエンナーレ」総合ディレクターによる地域活性化論！

1051
つながる図書館
――コミュニティの核をめざす試み
猪谷千香
公共図書館の様々な取組み。ビジネス支援から町民の手作り図書館、建物の外へ概念を広げる試み……数々の現場を取材すると同時に、今後のありかたを探る。

800
コミュニティを問いなおす
――つながり・都市・日本社会の未来
広井良典
高度成長を支えた古い共同体が崩れ、個人の社会的孤立が深刻化する日本。人々の「つながり」をいかに築き直すかが最大の課題だ。幸福な生の基盤を根っこから問う。

914
創造的福祉社会
――「成長」後の社会構想と人間・地域・価値
広井良典
経済成長を追求する時代は終焉を迎えた。「平等と持続可能性と効率性」の関係はどう再定義されるべきか。日本再生の社会像を、理念と政策とを結びつけ構想する。

606
持続可能な福祉社会
――「もうひとつの日本」の構想
広井良典
誰もが共通のスタートラインに立つにはどんな制度が必要か。個人の生活保障や分配の公正が実現され環境制約とも両立する、持続可能な福祉社会を具体的に構想する。

ちくま新書

1064
日本漁業の真実
濱田武士

減る魚資源、衰退する漁村、絶えない国際紛争……。漁業は現代を代表する「課題先進産業」だ。その漁業に何が起きているのか。知られざる全貌を明かす決定版！

902
日本農業の真実
生源寺眞一

わが国の農業は正念場を迎えている。いま大切なのは食と農の実態を冷静に問いなおすことだ。農業政策の第一人者が現状を分析し、近未来の日本農業を描き出す。

1054
農業問題
――TPP後、農政はこう変わる
本間正義

戦後長らく続いた農業の仕組みが、いま大きく変わろうとしている。第一人者がコメ、農地、農協の問題を分析し、TPP後を見据えて日本農業の未来を明快に描く。

960
暴走する地方自治
田村秀

行革を旗印に怪気炎を上げる市長や知事、地域政党。だが自称改革派は矛盾だらけだ。幻想を振りまき混乱に拍車をかける彼らの政策を分析、地方自治を問いなおす！

926
公務員革命
――彼らの〈やる気〉が地域社会を変える
太田肇

地域社会が元気かどうかは、公務員の〝やる気〟にかかっている！　彼らをバッシングするのではなく、積極性を引き出し、官民一丸ですすめる地域再生を考える。

1124
チームの力
――構造構成主義による〝新〟組織論
西條剛央

一人の力はささやかでも、チームを作れば〝巨人〟にだってなれる。独自のメタ理論を応用し、チームの力を最大限に引き出すための原理と方法を明らかにする。

1065
中小企業の底力
――成功する「現場」の秘密
中沢孝夫

国内外で活躍する日本の中小企業。その強さの源は何か？　独自の技術、組織のつくり方、人材育成……。多くの現場取材をもとに、成功の秘密を解明する一冊。